细节工作法

小改变大提升，效率翻10倍

[以]塞尔玛·洛贝尔（Thalma Lobel）_著 罗旭 易翔_译

科学技术文献出版社
SCIENTIFIC AND TECHNICAL DOCUMENTATION PRESS
·北京·

图书在版编目（CIP）数据

细节工作法 /（以）塞尔玛·洛贝尔（Thalma Lobel）著；罗旭，易翔译 .—北京：科学技术文献出版社，2022.7
书名原文：Whatever Works
ISBN 978-7-5189-9107-5

Ⅰ. ①细… Ⅱ. ①塞… ②罗… ③易… Ⅲ. ①工作方法—通俗读物 Ⅳ. ① B026-49

中国版本图书馆 CIP 数据核字（2022）第 065002 号

著作权合同登记号 图字：01-2022-1819

细节工作法

责任编辑：王黛君 宋嘉婧 产品经理：陈楠 责任校对：王瑞瑞 责任出版：张志平

出 版 者 科学技术文献出版社
地 址 北京市复兴路 15 号 邮编 100038
编 务 部 （010）58882938，58882087（传真）
发 行 部 （010）58882868，58882870（传真）
邮 购 部 （010）58882873
销 售 部 （010）82069336
官方网址 www.stdp.com.cn
发 行 者 科学技术文献出版社发行 全国各地新华书店经销
印 刷 者 三河市冀华印务有限公司
版 次 2022 年 7 月第 1 版 2022 年 7 月第 1 次印刷
开 本 880 × 1230 1/32
字 数 150 千
印 张 8
书 号 ISBN 978-7-5189-9107-5
定 价 56.00 元

前言

工作，是每个人的生活现实，我们大多数人一生中都要工作。

2018 年美国劳工统计局的一份报告显示，男性和女性平均每周计薪工作的时长分别为 40.8 小时和 36.2 小时。再加上每日通勤和工作中其他必要事务所花的时间，我们把一生中的很多时间都奉献给了工作。

除了养家糊口，工作也在很大程度上定义着我们的身份。陌生人初次见面，问过姓名之后，最常见的下一个问题便是："您是做什么的？"所有人都知道这是在问对方的职业。得知对方的职业后，我们总会产生一系列先入为主的推断，不管我们是否喜欢，职业亦是社会地位的标志。

对于幸运儿来说，工作能带来巨大的满足感、名誉、威望、功成名就的自豪感，当然还有不菲的收入。对于没那么幸运的人，工作上别无选择，仅仅是花去大量时间的日日劳作，再无其他。但无论我们身处哪一端，或者位于两个极端间的哪一点，我们都希望提高工作满意度和幸福感、提升业绩、激发创造力、获得认同，最终在职业道路上不断精进。员工们自然是这样，无论是自由职业者还是领薪水的雇员；企业主、机构和管理者也同样如此，他们希望以此优化人力资源、激励员工，最终使盈利最大化。

你可能会问："这又是一本成功学职场励志的鸡汤书？"其实并非如此。绝大部分书籍关注某个明显的重要话题，系统地阐述其中的奥秘，得出结论。例如，一些书籍告诉我们改变心理状态和思维模式的成功之道。有些书聚焦工作动力，还有些书写人际关系——我们认识的人和希望结识的人，他们都是职场成功的跳板。还有一些针对特定读者群体的书籍，会选取一些更具体的角度，如成功职场的着装规范、女性职业发展、工作中的肢体语言等。

这些都是很棒的书，但关注的多是一些较为明显的因素，比如利用工作动力、增强条理性、建立人际关系网等。这本书与此不同。

基于前沿科学和最新实验研究，本书聚焦那些较少被我们关注的因素——即便意识到往往也认为不重要。这些因素一直客观存在，甚至就在我们身边，却经常被忽视。它们的作用可能在我们的脑海中一闪而过，却从未深究过，如衣着和灯光。然而，这些因素影响着我们的工作表现、满意度和幸福感。本书中的这些实验研究揭示了某些微妙因素出乎意料的真相，关乎我们的工作环境、团队和个人习惯。其中绝大部分内容是关于我们的工作环

目录

第一部分 办公室布局真的会影响职场表现吗？

第一章　开放式办公布局真的有助于工作表现吗？ _ 003

第二章　明亮的光线让我们更有自控力？ _ 015

第三章　办公室的温度如何影响你做决策？ _ 028

第四章　置身蓝色空间可以减轻工作压力？ _ 041

第二部分 如何让团队合作成为你的职场加速器？

第五章　如何通过细微动作跟同事互动？ _ 061

第六章　愤怒情绪有助于你的谈判？ _ 077

第七章　焦虑情绪可能让你做出不道德行为？ _ 104

第八章　多元化和差异性可以带来高效？ _ 115

第九章　衣着会影响你是否被录用？ _ 128

第十章　外貌真的那么重要吗？ _ 149

第三部分
如何培养好习惯，让工作更高效？

第十一章　手机可以帮助我们缓解工作压力？ _ 169
第十二章　工作的时候应该来点音乐？ _ 184
第十三章　整洁的桌子代表清晰的思维？ _ 202
第十四章　房间里的灯泡可以激活你的灵感？ _ 211

后记 _ 239
致谢 _ 243

第一部分

办公室布局真的会影响职场表现吗?

第一章
开放式办公布局真的有助于工作表现吗?

看看为糟糕的设计所付出的代价，你就不会抱怨好的设计价格不菲了。

——拉尔夫·斯佩思

多数人一生中大部分时间都在室内活动，除了家就是办公室。只要醒着，我们便远离自然，一头扎进人造空间，辛勤地工作。结果不言自明——室内环境质量会影响我们的健康、生产力和幸福感。多项研究已陆续证实了这一点，绝不应该被忽视。老板当然要算经济账——只有在员工生产力最大化、旷工率最低化、工作满意度和幸福指数最高的前提下，优化工作环境才划算。对员工来说，一旦意识到环境变化能够带来积极影响，便可以付诸实践，对工作环境稍加改进和调整，以求更开心、健康、高效地工作。

办公环境影响重大，这并不稀奇。不过，影响方式具体有哪些呢？这一部分主要讨论办公环境中的物理因素。已有研究开展过此类调查，如办公室布局、开放 / 封闭空间、噪声、室温、照明、窗户位置等因素，如何影响员工的幸福指数、工作态度、行为举止和业绩。所以，只要了解这些信息，对办公环境做些调整，我们的职场生活品质、身心健康就会大幅提升，公司也能降低成本、增加收益。

开放还是封闭：哪种空间更适合你?

办公室布局欠佳，员工备受折磨，这样的例子并不少见。

在过去一百年里，办公场所设计领域发展迅速，变化巨大。私人办公室被改造成一个个小隔间，好让员工远离干扰，安心工作。不过，这种布局遭到职场专家和员工的一致诟病。进化心理学家认为，我们对周遭环境布局的喜恶源自人类祖先在非洲草原上的生活史，与古老的集体狩猎、采集行为息息相关。祖先所惧怕的环境，亦让我们本能地不安。只有身处既可以随时逃离捕食者或仇敌，又不远离自身族群的“缓冲地带”时，史前人类才感到最安全。而现代职员孤坐在独立隔间中，时时担忧“捕食者”（老板、对手等压力源）逼近，自然没办法放松。虽说不是全封闭，但小隔间大大剥夺了员工本该享有的和煦日光和开阔视野，逼仄的空间甚至比不上家里的浴室，更别提还有人在背后时时窥探了（连载漫画《呆伯特》的作者斯科特 · 亚当斯写过一本关于办公室生活的书，书名是《让你羡慕死人的小隔间》）。

近年来，很多公司开始青睐开放式办公空间。工位间的隔板（如果有的话）架得很低，以期促进团队合作、提升交流效率、激发创新思维，最终提高生产力。人均占用空间减少，建造成本下降，公司还能省下一笔组织管理费。据《华盛顿商业杂志》报道，国际设施管理协会的一份报告详细指出，“目前，美国约 70% 的职员办公桌间的隔板较低，甚至完全无隔断”。在封闭的办公环境中，员工间非正式的交流仅限于饮水机、咖啡角、打印机等公共区域，开放空间则为此类互动和知识沟通创造了更多机会。

不过，“开放式办公环境最有益于合作”，这一不少人笃信的观点还是被颠覆了，相关批评不绝于耳。2018 年，《华盛顿邮报》刊发了一篇题为“开放式办公室——要多糟有多糟”的文章，文中的研究者细致考察了两家将办公区域改为开放式的公司。结果显示，办公布局改变后，员工之间的面对面沟通反而减少了 70%；相反，电子邮件或其他方式的线上交流比例大幅增加。为了隔绝周遭噪声，很多员工甚至求助于降噪耳机，与同事的交流也自然减少了。

2014 年《纽约客》杂志登载了一篇题为“开放式办公室陷阱”的文章，当中回顾了多个研究成果，并得出“开放空间的办公室同样不利于员工业绩”的结论。在丹麦的一项研究中，研究者调查了 2403 名职员的请假天数，发现请病假天数与共用办公室的员工人数相关。与他人共用一间办公室的员工，比单独使用一间办公室的员工请病假天数多 50%；而在开放式办公室工作的员工，该数字比使用单人办公室的员工高出 62%。可能有人辩解说这和人的体质有关，比如开放空间让人更容易接触到他人携带的病菌，或者和心理因素相关——责任的分散化，办公室里人越多，请假就越不显眼，也有足够的人来顶班。但无论如何，旷工增加了公司的运营成本，影响工作稳定性和员工保有率。

瑞典和丹麦的一些研究发现，开放式办公环境对员工的工作满意度和幸福感有负面影响。而 2018 年法国的一项研究表明，70% 的员工对开放空间设计不满。

开放式办公环境反而让你觉得更封闭?

人们普遍认为开放式办公空间有利于员工间的合作。然而，哈佛大学的研究者们最近却有不同的发现。他们仔细研究了两家公司由私人办公室改为开放式办公区域的过程，以及办公室布局变化对员工人际沟通的影响。研究表明，面对面交流显著减少，线上互动比例上升。研究者认为，在开放式环境中工作的员工倾向于避免和同事当面交流，更愿意使用电子邮件或发消息。也就是说，闲聊和肢体语言的面对面交流逐渐减少，被看不到表情、听不到声音的电子化互动所取代。

不可否认，邮件沟通有其优势，但本书下一章会详细探讨其缺点，比如我们可能会误解书面文字传达的语气和意图，这是个可能搞砸项目或人际关系的大问题。因此，最理想的状况是两种沟通方式并存，取长补短。

员工对开放式办公环境抱怨最多的是噪声、缺乏隐私和个人空间问题。

噪声过多

2017 年，盖洛普的《美国办公环境现状》民意调查报告显示，有 75% 的员工对办公环境中的噪声不满，其中 38% 的员工表示，如果新工作的办公室能有个门，他们就愿意跳槽。毫无疑问，开放式办公空间的噪声比封闭式办公室的大。噪声已被证实会引起诸多问题，如注意力被干扰、工作效率下降、工作满意度降低以及欠佳的工作和身体状态。受噪声干扰的员工，甚至在简单的数学运算上都表现欠佳。瑞典的一些研究团队发现，过大的噪声会影响工作动力、加剧疲劳，同时在喧闹的办公室环境中，员工更易出现健康问题。康奈尔大学进行了一项研究，一半测试对象（文职人员）被安排在有噪声的开放式办公室里，另一半则被安排在安静的房间里，三小时后对比发现，前者解决问题的意愿要低得多，而且通过测量血液中的肾上腺素水平发现，前者的压力水平直线上升。

开放式办公空间中分贝最大、最令人分心的噪声是交谈的声音，之后是电话铃声、脚步声及其他活动发出的声音。研究表明，背景声不利于我们完成工作中的各类认知型任务，如校对、阅读和写作。我们在开放式办公室中听到的谈话声很大一部分是打电话的声音，但与同事间聊天不同的是，听他们打电话只能“听一半”——只能听到通话中一方的表达或回复：“你在开玩笑吧？”“他是怎么回事？”“然后他怎么说的？”毫无疑问，这会激起我们的好奇心，我们便不由自主地去猜测电话的另一头在说什么，关注点就不在手头的工作上了。喜剧演员鲍勃·纽哈特的幽默半边对话表演很出名，看着他的演绎，观众就自动“脑补”出整个搞笑事件的全过程，乐不可支。在瑞典的一项研究中，测试对象要完成一项关于专注、理解和记忆的工作任务，完成得越快越好。实验设置了三种噪声状态，第一种是“半边对话状态”，任务期间，测试对象可以听见通话中一方的内容；第二种是“对话状态”，测试对象能听见双方的谈话，通话内容与第一组相同；第三种是“安静状态”，没有背景噪声。每种噪声状态中通话的具体内容要么是有意义的、测试对象能听懂的，要么是无意义的、经过加工后使测试对象无法理解的。研究发现，半边对话状态比对话状态更不利于测试对象完成任务，但这只在噪声内容有意义时成立。当测试对象听到的是模糊的、无意义的对话时，无论听到一方还是双方的声音，他们完成任务的表现并不比安静状态的控制组差。也就是说，我们能听懂的半边对话会分散我们的注意力，影响工作表现。

克服噪声干扰的方法之一是采用掩蔽声抵消工作环境里谈话声的影响。一些研究调查了若干掩蔽声的效用，包括泉水声、音乐、谈话白噪声（多人谈话背景音）。研究发现，与身处单一声音办公环境的员工相比，听多种声音的员工在认知任务上表现更好。当多重声音和水波声被一起用作掩蔽声时，员工感觉最好。

电话就私下打吧

请员工们不要在办公室接打私人电话。在开放式办公空间打电话会影响同事，人们会分心去猜测电话另一端的内容。

噪声常常让我们分心、影响认知表现，但一项令人吃惊的研究显示，一定程度的环境噪声其实能够增强我们的创造力。研究者将测试对象随机分为四组，让他们完成远程联想测验（请留意这个名词，我们在第十四章还会谈到这个测验），这是一项经常用来测量测试对象创造力的实验。测验中每组测试对象会听到不同程度的噪声。一组处于较小的噪声环境中，音量 50 分贝（相当于安静的郊区或运行中的冰箱的噪声量）；另一组处于中等的噪声环境，音量 70 分贝（相当于淋浴时的噪声量）；还有一组处于较大的噪声环境，音量 85 分贝（相当于一间嘈杂餐厅的噪声量）；最后一组坐在没有噪声的安静的房间中。令人意想不到的是，接触 70 分贝中等噪声量的测试对象比其他三组测验表现都要好，也就是说，一定量的噪声对我们的创造力有积极影响，这也在一定程度上解释了为什么人们在有噪声的咖啡厅中更能专注。

戴耳机？可行

如果你不得不在开放式办公空间工作并受到噪声干扰，试试戴上耳机工作吧。可以听听自然界的声音、咖啡厅或其他白噪声，来屏蔽办公室里让人分心的噪声。一些网站和 YouTube 视频会教你在耳机里听咖啡厅白噪声来提高专注度和创造力的具体方法（比如，可以看看网站 mynoise.net）。

如果公司有可以办公的私人空间，处理需要专注的工作任务时试试去那里。如果没有这样的空间，每工作一小时休息几分钟，会让头脑更清醒，可以的话记得戴上耳机。

可以看出，噪声量相同的情况下，即便是嘈杂的餐厅也比开放式办公室更有利于完成专注的工作。为什么会这样呢？2017年《哈佛商业评论》刊登的一篇文章中，大卫·伯克斯指出我们在星巴克工作效率更高，因为在开放的办公环境中，我们的注意力不断被周遭的谈话所吸引。而咖啡厅的背景噪声则与我们无关，所以不会为此分心（除非旁边人的谈话很有料，或者附近突然发生骚乱之类的情况）。强调一下，周围谈话与我们的相关性（或者咖啡厅里谈话的不相关性）决定了注意力被其干扰的程度。

缺乏隐私

除噪声外，开放办公空间的员工还饱受隐私问题的困扰。当有人不时来到旁边同事的办公桌前，或者看到同事在眼前嬉笑，显然很难再全身心专注于工作。我们很难屏蔽掉这些干扰，想要不受其影响，需要调动脑力，这会增加我们工作的心理负担。

员工对缺乏隐私的抱怨包括工作和个人两个层面。身处群体之中，我们的行为表现与私下时不同，会自然而然地保持体面的社交面孔。但当我们特别紧张不安的时候，或者需要打一个非常重要的私人电话时，或者仅仅需要挠痒痒的时候，在开放式办公区应该怎么办呢？诚然，同事间或与上司的重要、机密的谈话通常会在私人空间进行，但开放办公空间的中性谈话也很有可能涉及私密信息，很难在众目睽睽之下完成。一些工作区域的员工抱怨道，除了卫生间隔间或者去办公大楼外，没有让人有安全感的空间可以使用。近期的一项研究，英国政府部门将私人或半私人性质的办公室改造为通透的开放空间后，不出所料，员工的工作满意度降低了。值得关注的是，女性职员尤其觉得不满，很可能所有的开放办公室空间都是如此。缺少隐私通常对女性的负面影响更甚，女性感觉自己在开放式办公室会受到更严重的外貌审视，她们感到被男性凝视，并因此很在意自己的外表。外貌是自我意识和烦躁焦虑的来源。这样的自我意识让女性在工作时无法轻松自处，并且会更加仔细地考虑穿着。另外一项研究涉及 5000 名在不同办公空间工作的员工，研究者发现女性更加受到办公室布局的负面影响。

这中间当然有个体差异存在，甲之蜜糖，乙之砒霜。与外向性格相比，内向者往往在开放式办公区会感觉不自在，很难较好地工作。

我需要隐私

公司和机构应该给开放式办公室里的员工提供一个私密空间，他们可以用来处理私人电话和会谈。这不仅可以保证员工的隐私，还可以提高其他员工的工作效率。

缺乏掌控力

员工对开放式办公室的另一个抱怨，是自己无法控制办公区域的温度、灯光、个人空间等因素。与他人共享办公空间意味着需要找到一个最少人“抗议”的温度，但这个“让大家都舒服的合适温度”肯定也会让一些人不舒服。空调和暖气的温度永远无法让所有人都感觉舒适。我认识一位可爱的女士，十年来她与其他三位同事共享一间办公室。天热的时候，空调设定在同事们觉得舒适的温度，但对她而言温度就太低了，过于强劲的空调冷气让她备受煎熬。同事们对她表示同情，但还是拒绝了她调高温度的请求。这在每个夏天给她带来了巨大的压力，并且让她和坐在身边的同事们关系很僵。

办公室太冷了、太热了，有时候光线又太暗了

在开放式办公区域，应该给每张办公桌配备一个小台灯和电扇。这样员工可以在一定程度上掌控灯光和温度。

新模式：灵活的、基于活动的办公环境

很多像 IBM、微软、波士顿咨询公司、通用电气这样的大公司已经转向混合式办公室设计。考虑到不同的工作类型、各个员工的需求，这种新的设计更人性化。新型办公区域结合了各类设计：有安静的私密空间，员工可以高度专注地在这里工作；有很多有利于社交的开放区域；有给团队使用的小型开放空间；还有可移动墙板、隔音电话和电话间。设计的理念是既提高每位员工的工作效率，又不忽视重要的社交因素。一些开明的公司已经开始设置隔音的“隔离房间”，甚至设置了不允许使用电子设备的休息间。一些公司有内设枕头和靠垫的“放松区”，员工可以在此休息或者查看电子邮件。旧金山 Salesforce 大厦的每个楼层都有冥想区供员工使用。《纽约时报》一篇题为“别让办公室太舒适了”的文章指出，许多公司正在以工作活动为中心重新调整办公区域，可以称之为“灵活办公区”，员工可以随意根据手头的工作任务前往合适的区域工作。

这种基于工作活动的办公环境如何影响员工的生产力、满意度和幸福感，目前尚处于实证评估的起始阶段，研究成果还不明确，有些甚至自相矛盾。一些研究发现这样的工作环境对生产力和幸福感有负面影响，另一些研究则认为从长期来看有利于员工的健康。近期，澳大利亚的研究者们回顾了涉及 36 039 名测试对象的 17 项研究，发现基于工作活动的办公环境对员工的互动、

交流和工作满意度有积极影响，但不利于保护隐私和保持专注。关于工作环境和员工身心健康的关系，目前研究结果尚不具有一致性，需要更多研究和进一步评估。

显然，我们无法选择自己的工作环境。

我们已经了解，从员工整体幸福感的角度来看，开放式办公室并非好的选择，并且这一点也在不断地被新的研究证实。遗憾的是，即使有诸多缺点，许多机构仍在继续使用开放式设计。

那些使用私人办公区设计的公司，则应该设置一些供员工聚在一起交谈的公共区域。理想的状况是，这是一个令人愉快的地方，离办公区不远，配备有咖啡机和饮水机，同事们可以坐下来交流。这个区域很重要，因为整日孤坐埋头苦干、不与人交流，也是不人性化的。

因此，目前严谨负责的公司一般采用混合型办公区域。总体来说，这种设计对员工最有利，当然对公司也最有益，因为可以降低旷工率、提高员工的业绩和工作满意度。

如果你“被困”于不适合自己的工作环境，试试采用上文中的建议吧。备上一副耳机、一台电扇或取暖器，并对未来工作环境的改善抱以期待。

第二章
明亮的光线让我们更有自控力?

在别人生命中的至暗时刻点燃一支蜡烛，做照亮他们前路的那束光，这将赋予我们生命最深刻的意义。

——罗伊·T. 班尼特,《心灵之光》作者

我在特拉维夫大学找到了第一份工作，那时分配给我的是一间小小的办公室，没有窗户，用荧光灯照明。我非常讨厌那间办公室，为了避免待在里面，我有时会去图书馆工作。最困扰我的是没有窗户，只有人工照明，简直是与世隔绝的空间，看不见绿树和建筑物，也看不见校园里往来的人，这让我郁闷极了。我当时什么都没说，毕竟还是个年轻教授，还需要系主任和其他资深教授的提携，在他们来看，有间办公室已经很不错了，该心满意足了，自然没太关注我的情绪。

多年后，我当上了系主任，我提醒自己不要忘了这段经历，要关心年轻教授的工作幸福感。后来情况得到了很大改善，年轻

学者也拥有了很棒的办公室，无窗的房间只用作实验室。如今，我的办公室宽敞明亮，有两扇窗户，但当年的昏暗时光依然记忆犹新。

直到近年来，我研究了无窗办公室对员工健康和业绩的影响，才发现无窗房间的负面影响比我想的更严重。许多研究探讨了在无窗办公室里工作的不良后果，这不仅关乎舒适度或能否看到好的景色，我们的健康、情绪、睡眠质量和工作表现都会受到影响。

有了窗户，便有了自然光线和窗外景色。第四章会详细讨论景色的重要性，这里我们先说光线。

人工光和自然光

毫无疑问，人们更喜欢明亮通透、阳光灿烂的环境，而不是阴云密布、昏暗不见天日的环境。在一项研究中，测试对象被要求给一些风景照片打分，研究者发现，人们明显偏爱阳光明媚的风景。对此有一些科学解释，根据进化理论的观点，人们喜欢健康的、能够满足适应性需求的环境。在人类历史的早期，人类祖先生活在自然环境中，各种活动和生存本身都高度依赖光线。漫长的人类进化过程中是没有人工光源的，天敌和捕食者在夜晚伺机而动，因此人类在黑暗的环境中会极度脆弱。光线强化了我们对安全、危险和天气的感知。也有其他理论认为，对光线的喜爱是习得性的、基于文化的。即使我们先天就喜爱明亮的光线，这种倾向性也会被后天的社会化学习进一步塑造和巩固，人们在童年时期便得知黑暗的环境更危险。我们的语言也在不断暗示这一点，各类表达、习语和比喻都将光明和黑暗与好坏、善恶关联在一起，如“光明就在黑暗隧道的尽头”“黑暗时代”“光明与黑暗的较量”“生命之光”“至暗时刻”等。这一章我们将探讨光线如何影响员工在工作中的情绪、工作表现和幸福感。

整体而言，比起人工照明，人们更喜欢阳光和自然光线，但并非所有的员工对此都有选择权。与很多年前的我一样，许多人在没有窗户的小隔间或者大楼内的办公室里工作。一天中基本保持恒定的人工光源，轻按开关就能得到一间“明亮”的办公室，但这与自然光不同。

研究光线对人类行为影响的学者来自各个学科领域，且有着多学科的专业知识背景，如建筑学、工程技术、医学、睡眠障碍及心理学，他们的研究说明光线对我们生活的方方面面都有深刻影响。

来自不同专业背景的学者们进行了一项合作研究。其中，伊利诺伊大学建筑学院的穆罕默德·布北克里教授主要研究建筑中缺乏光线对身心健康的影响；菲利斯·徐博士是一位神经学专家，也是美国西北大学神经内科睡眠医学部主任。与来自建筑学和神经学背景的研究团队合作，两位教授对比了员工在人工光线和自然光环境中工作的身心健康状况和睡眠质量，发现接触自然光线非常重要。

研究者们向测试对象发放自陈量表，评估其身体状况及对自身完成各项任务能力的认知。量表还测量他们的精神饱满程度（感觉有活力或疲乏的程度）。此外，测试对象还完成了评估睡眠质量的问卷。与在自然光环境中工作的员工相比，无窗办公室的员工感觉自己完成各项工作任务的难度更大，而且他们也更容易疲劳，有更多的睡眠问题和困扰。

公司要帮助员工生活得更健康、更快乐，所以应该关注阳光的功效。约瑟夫·阿尔·霍尔教授供职于卡塔尔海湾研究与发展组织，在他的带领下，来自卡塔尔和英国的研究者们回顾了300多篇文献，厘清了办公室环境质量与员工生产力的关系。研究发现，在自然光更充足的办公室里，员工的生产力更高，旷工率更低，所以出勤率也有所提升。研究者们给出了如洛克希德·马丁和惠尔丰等公司的例子，根据这两家公司的报告，在能够让员工最大限度接触自然光的办公楼里工作，旷工率下降了15%。

明亮和昏暗的灯光

尽管自然光比人工光更有益，但无论哪种光线，其强度都影响着我们的生产力和幸福感。

精神疲劳是工作的常态，克服它的一个有效方法是使用合适的照明。很多研究已经表明，明亮的光线能让我们更灵敏。例如，英国的一个睡眠研究团队将 94 名白领员工置于两种照明环境中，进行为期 4 周的观察：第一种环境使用白光，第二种环境使用更明亮的蓝白光。身处第二种环境的员工感觉自己头脑更灵敏、心情更愉快、工作表现更好，晚上也不觉得那么累。其他研究同样发现，明亮的光线能让测试对象提高心率，不那么困倦，更加有活力；而昏暗光线环境中的测试对象心率会下降。无论白天还是夜间，光线都有这样的作用，因此光线不仅在我们感到疲劳或夜晚的时候重要，白天和正常的办公环境中亦是如此。

卡琳·斯莫德斯是荷兰埃因霍温理工大学的教授，博士期间她研究的是照明研究和环境心理学方向。她和其他研究者进行了数项实地和实验室调查，探索光线对人的头脑灵敏度和精力的影响。在田野调查中，他们让办公室职员和学生连续三天在早上 8 点至晚上 8 点佩戴光测量装置，并每小时填写一些问卷。研究者们发现，人们接触的光线越多，越感觉头脑灵活、精力充沛。斯莫德斯教授在实验室中也发现了同样的结果。让测试对象接触高亮度或低亮度的光线，描述自己大脑的灵敏度和困倦程度，并完成一些认知任务。结果显示，在明亮的光线中，测试对象不仅感觉更加精力充沛，认知型任务也完成得更加出色。

总结一下，办公室照明之所以重要，不仅因为它能让我们看清手头的工作内容，更因为良好的照明能让我们更加专注、高效和精力充沛。这不只是主观感受，客观上也的确如此——科学研究发现，明亮的光线促使心率加快。因此，也许你该考虑给办公桌换个更亮的台灯了。当然，如果你的桌边有扇窗，记得拉开窗帘，即使是阴天，自然光也是很棒的。

你可能会惊讶于光线的影响力如此之大——绝不仅仅关乎我们的身心健康和工作效率。

坐在办公桌前就感觉很累？

总是感觉很累，精神困倦无法高效工作？试试调高照明的亮度，让办公室更明亮一些。很快你就会感觉自己头脑更灵敏、精力更充沛了。

光线、自我意识和自控力

心情沮丧时，我们很想对着同事或老板（也可能是孩子或伴侣）喊叫，宣泄一番，但我们往往能够控制自己，冷静下来。我们时常置身于发泄冲动和理性克制的夹缝中——是选择将情绪都发泄出来，还是按照社交规范冷静处事。一些人似乎天生就更有自控力，但其实也有一些环境变量在影响着我们冲动或克制的行为选择。

其中一项决定性因素是，我们是独处还是与他人同处一个空间中。与他人共处时，我们通常会有更强的自我意识，更能遵守社交规范，控制自己的冲动行为。但这并不是我们工作环境中的唯一因素。

你相信吗，与昏暗的灯光相比，在照明良好的房间中，我们的自控力更强。德国路德维希堡应用科学大学的安娜·斯泰德尔教授带领团队进行了一项有趣的研究，他们通过一系列实验，发现光线和亮度会影响测试对象的自我意识和自控力。其中的一个实验是让测试对象置身于不同亮度的环境中，要求其填写问卷，测评其公众自我意识（如“现在我很在意他人对我的看法”）、内在自我意识（如“现在我能意识到自己内心的感受”）和对周围环境的觉知（如“现在我能敏锐地感知周围环境中的一切”）。结果显示，身处光线明亮的房间的测试对象，自述其公共自我意识更强烈；两组测试对象在内在自我意识和对周围环境的觉知方面上无明显差异。因此，明亮的光线似乎会让我们更加在意自己给他人留下的印象。

研究者们还就光线亮度与自控力的相关性进行了另一项实验。测试对象以为自己参加的是一项市场营销研究，他们被要求佩戴太阳镜或平光镜，然后给眼镜打分。随后他们要填写一份看似不相关的问卷，测评目标和愿望的重要程度。实验设计的思路是，在某个特定的时刻，一个人越冲动就越重视自己的个人愿望能否实现，而更有自控力和意志力的人则更看重他们的职责。实验结果显示，戴太阳镜的测试对象比戴平光镜的测试对象更重视自己的愿望。也就是说，由于看到的是更加明亮的环境，佩戴平光镜的测试对象感觉自己的责任感比个人的愿望和一些心血来潮的想法更重要，从而约束并克制自己的行为。工作场合也有同样的现象，我们偶尔也有想要发泄情绪的冲动（更多的时候只是在白日梦里想想）——冲着老板或同事喊叫，让他们知道我们的真实想法。但很显然，我们还是更希望保持冷静克制。这么看来，一间明亮的办公室是能让我们发挥自控力的最佳媒介，毕竟在工作中，克己自制非常重要。

关键对话需要明亮的环境

当你在工作中需要进行一场可能会引起愤怒等情绪的对话和讨论时，记得找个明亮的房间。在明亮的环境中，人们的行为往往会更加克制，更能遵守社交规范和礼节，不会太过轻率鲁莽。

光线与选择

你是否有过在自己愿望和需求之间的两难选择呢？例如，我们都有这样的经历：梦想着买一辆炫目的红色跑车，但心里明白自己真正需要的是一辆经济实惠的家用车；闲暇时想看一部不用动脑筋的情景喜剧，但你知道还是应该好好利用时间看本书或者看部纪录片；来份健康的奶昔或者水果肯定是更好的选择，但仍然想吃冰激凌。换言之，我们常常需要在两种“产品”之间做出选择：功能性的实用型，还是愉悦性的享乐型。

上面这些都可以被称为实用型选择和享乐型选择。前者是功能性的、实用有效的；后者是你想要去做的，能够带来享受、乐趣和兴奋感的。工作中的一些任务往往不那么令人愉悦，甚至无聊又冗长，无论有趣与否，这些工作都得做，很多时候还要强迫自己先去完成那些无趣但必要的工作。

显然，光线会影响我们的选择。一个科研团队就室内光线的亮度对消费者的选择进行了细致的研究：在什么样的情况下我们会按照自己的想法进行选择，而不是按照应该怎样或他人的期待进行选择？研究者将 180 名测试对象分为两组：一组所处的房间除了亮着的电脑屏幕外，没有其他灯光；另一组坐在明亮的房间中。他们被要求在实用型和享乐型选项之间做出抉择。选项包括手机办公应用程序和手机娱乐应用程序、纪录片和爱情片、耐用型笔记本电脑和高端笔记本电脑，以及能干的求职者和有趣的求职者。测试对象还要就一些问题打分，如“我觉得自己有选择的自由”“我觉得在日常生活中我可以放心做自己”“我觉得没有人可以对我指手画脚”。研究结果非常有趣，昏暗房间中的测试对象做出了更多的享乐型选择，他们也表达出更强烈的自我本真性：可以遵从内心喜欢的生活方式，不需要他人来指手画脚。研究者认为，黑暗的环境使人感觉切断了与他人的联系，社交距离拉远，增强了人们想要按照自己的想法行动的意愿，不再那么在意外界的期望。因此，他们会做出更多的享乐型选择。

这些发现在个人层面有重要的意义：如果你想选择自己真正想要的，不想考虑他人的看法，就把灯光调暗；但如果你想做出更实际的选择，就要让房间明亮起来。这些发现也直接影响着面向消费者的公司和企业。如果你希望消费者的选择更享乐化，那就让商店里的光线暗一些；如果想让消费者更关注高效实用型的产品，商店就得设计得亮堂一些！

这些研究结果也对工作环境具有指导意义。明亮的工作环境能让员工在行为上更多地考虑给他人留下的印象，而不是莽撞行事。总体而言这是件好事。我们希望雇主和职员的沟通中能少一些冲动，双方都能采取符合职业道德的行为。但光线对创造力的影响是个例外，我们在后面的章节会详细讨论。

让光线照进来！

光线是能让我们头脑更加灵活、精力更加充沛的心情助推器。在明亮的环境中，我们的工作表现更好，令人惊讶的是，我们也更具自我意识，从而自控力和理性思维也得到了提升。

光线与道德行为的关系

我们已经探讨了光线对工作效率的重要影响。但其实，光线，更确切地说是光线不足，还和人的道德行为相关。多伦多大学罗特曼管理学院的钟晨波教授就环境因素对人的行为，包括道德行为的影响进行了大量重要的研究。

光线会带来安全感，的确，更多的犯罪行为是在黑暗的环境下发生的，黑暗中犯罪分子逃脱抓捕的概率更大。当人们认为自己不会被他人看到时，更有可能做出不道德的行为。钟晨波教授团队近期的一项研究发现，与明亮的房间相比，在光线较暗的环境中，人们的道德感会降低；即使在光线不同的两种环境中，人们知道并没有他人的注视或者被“抓获”的可能，也是如此。更具体的发现是，与处在明亮的环境中相比，灯光昏暗但可以被别人看见或佩戴太阳镜时，人们更可能有作弊行为。

第一个实验的测试对象是 84 名大学生，他们被分为两组。第一组学生所在的房间里有 12 盏荧光灯，非常明亮；第二组学生所在的房间里只有 4 盏荧光灯。学生们要完成一些简单的数学题：他们要在 5 分钟内从一些三位数字的矩阵中，找出加起来等于 10 的组合。他们还拿到一个装有 10 美元零钱的信封，并被告知找到一个正确的数字组合可以得到 0.5 美元。研究者们让学生自己核对答案，并被告知别人是不可能知道自己是否作弊的，但他们并不知道研究者可以比对他们实际答对的题目数量和他们自己报告的数量。实验结果表明，与明亮房间中的学生相比，昏暗房间中的学生有显著的作弊行为，但两组学生完成数学任务的质量并无差异。记住，房间并不完全黑暗，在这两种情况下都可以看到他们。尽管如此，他们还是在更黑暗的房间里有更多的作弊行为。

第二个实验关注黑暗环境对人的公平性和慷慨度的影响。测试对象被分为两组，一组佩戴太阳镜，另一组佩戴平光镜。研究者给每个测试对象发了 6 美元，并让他们按照自己的意愿将钱分给一名搭档。当然，如果他们有公平意识，就会与搭档平分这 6 美元，自私的话则会独享这笔钱。研究者发现，戴太阳镜的测试对象平均分给搭档的钱更少。在中国台湾的另一项研究中，测试对象被分为三组，分别被安排在高亮度、中等亮度和低亮度的房间中。测试对象被告知，他们都在和另一个坐在不同房间里的人玩游戏，他们收到了一定数额的钱，自己决定给对方多少。研究发现，房间越亮，测试对象分给搭档的钱越多，他们的行为也就越合乎道德和公平原则。还有一项实验发现，明亮环境中的测试对象会捐赠更多的钱。总体而言，这些研究表明，在明亮的环境中，人的行为更加符合道德标准并更愿意体谅他人。

光线与道德行为的关联是双向的。人们在黑暗的环境中道德感会降低，而且当人们回忆起以往经历中的不道德行为时，他们对环境的感知也是昏暗的。在一项研究中，测试对象被要求回忆并描述以往经历中的一次不道德或者道德的行为，并评价刚才回忆时所处房间的亮度。相较于回忆符合道德行为的测试对象，回忆不道德行为的人觉得自己所在的房间光线更暗。也就是说，测试对象的物理感受会受到其行为道德性质的影响。

这些研究再次证明，物理环境在不被察觉的情况下影响和控制着我们的行为。这一章，我们讨论了房间的亮度影响着我们的自控力、选择和道德表现。换言之，我们是否遵守社会规范不仅在于个人特质和社会环境，也会被看似不相关的房间亮度所影响。工作时确保有一些时间你是在明亮的环境中。本章中的一系列研究已经告诉我们，明亮的环境能让我们更加灵敏，更高效地完成工作，团队合作也会更顺畅，因为在明亮的环境中人们会更多地倾听、为他人考虑，行为也更符合道德要求。

要光明，不要阴暗

公司若希望员工更公平、更大度，就应该把灯光调亮一些。在谈判和各类职场互动中也是如此。如果你希望谈判对象更公平、更慷慨，就别选昏暗的沟通环境。当行为“暴露在光天化日之下”时（在比喻和实际意义上都是如此），人们会更注意道德要求，更关注他人的感受。

第三章
办公室的温度如何影响你做决策?

> 室内的温度是多少无所谓，永远都是室温。
>
> ——史蒂文·赖特

温度被普遍认为是影响工作环境舒适度的最重要因素之一，研究也表明温度影响工作的动力、效率和幸福感。我们通常对温度很敏感，聊天时我们也常讨论温度话题，抱怨太热或是太冷。有研究比较了人们对光线、湿度和温度的反应，发现员工对室内温度比其他两者更敏感。当然对温度的感知也有个体差异，对温度的主观感受会因年龄、着装、窗户位置和情绪等因素有所不同。

热应激比冷应激对我们的工作表现影响更大。中佛罗里达大学的彼得·汉考克教授经研究发现，工作环境温度过高不仅对健康有害，还会降低工作效率。身体对冷的忍耐度更高。这里的问题是温度如何具体地影响我们的工作表现，以及找到能保证最佳工作环境的理想温度区间。

在装有中央空调的办公楼里工作的员工，经常争论温度应该怎样设置才合适，这样的争执不利于和谐的工作环境，就像我在第一章里提到的那位朋友的例子。《环球邮报》的一篇文章也讲到，一位女士因办公室温度过低而苦恼不堪。她的工作区域和老板的办公室共用一个恒温器，老板不允许她把温度调高。他们之间的关系一度非常紧张，后来老板同意她自带一台取暖器，但问题并没有得到很好的解决，室内温度还是让她非常不适。要知道这并不是个例。

很难找到一个让所有人都满意的合适温度。美国 2015 年进行的一项调查显示，56% 的员工觉得冬天办公室太冷，42% 的员工觉得夏天办公室太热。但其实有一个最优室温范围，可以提升员工的工作表现。

温度与工作表现

除了舒适的感觉之外，温度是如何影响我们的工作表现和身心健康的呢？许多研究探讨过这个问题，对比了不同温度条件下人们完成各项任务的表现。大部分研究将实验中的温度范围设定为 15 ~ 26℃，这也是大部分办公环境的温度区间。研究发现，在 20 ~ 22℃的环境中，人们完成任务的表现最佳。芬兰赫尔辛基阿尔托大学土木工程专业的奥利 · 赛潘纳教授和同事一起回顾了 24 项关于温度对员工影响的研究，其中既有在工作环境中进行的实地调查研究，也有实验室的研究。举个例子，实地研究会记录员工与客户谈话所用的时间，实验里为测试对象提供了同样的工作任务，测定其完成的速度和准确度。研究发现，温度在 21 ~ 22℃时，人们的工作表现得到提升；温度超过 23℃时，工作表现水平下降。这项研究是在芬兰进行的，这并不奇怪，那里冬季寒冷，气温在 -22 ~ -3℃，人们倾向于给房间供暖。但研究发现太高的室内温度不利于工作表现。

康奈尔大学的一项研究结论认为，工作表现与温度有明确关联。能使员工表现提升的舒适温度区间是 20 ~ 25℃，当温度在此区间外时，工作出错率会增加 44%。一些学者开发了具有针对性的模型，量化通风率或温度与员工病假和工作效率之间的关联。

弗吉尼亚大学和休斯敦大学的学者进行了一项研究，发现较高的温度只在对认知能力要求高的复杂任务表现上有负面影响。与较热的房间（25℃）相比，凉爽的房间（19℃）的测试对象完成复杂任务的表现更好，但室温并未影响容易的工作任务的完成情况。

芬兰职业健康研究中心的学者们还进行了一些相关研究，发现较高的温度（29℃）对某些任务的完成有负面影响，对于其他任务则不然。研究者要求测试对象完成一些任务，完成这些任务需要注意力、精神运动性能、警觉度、长期记忆等技能。其中最难的是 N-back 任务，这是一项比复述出字词复杂得多的记忆任务。测试对象面前依次呈现一组字母，他们需要辨认当前的字母是否和 N 步之前的字母相同。任务有不同的难度，比如在 1-back 任务中，测试对象必须说明这个字母是否与前面的字母相同，在 3-back 任务中，测试对象要说明字母是否与前三次的字母相同。研究者们发现，在较热的环境中，受到负面影响的唯一一项任务就是 N-back 记忆测试，它也是最复杂的任务。其他需要调动注意力、精神运动性能和长期记忆的任务完成情况并未受到温度影响。

尽管稍高的温度（28℃）未对测试对象的实际表现造成影响，但会影响他们的主观感受，如舒适度、疲劳度及对工作量的感受。在温度较高的环境中，测试对象感觉更劳累和不适，和在凉爽环境中的测试对象相比，他们会感觉工作任务难度更高，即便两组测试对象的实际表现并无差异。这表明在较热的环境中，人们完成同样的工作会感觉难度增加，需要更多精力。因此，即便温度没有直接影响员工的工作表现，高温中不断累积的疲劳感也可能对后续的工作造成影响。

通过这些研究可以得出结论，理想的办公环境的温度在 21 ~ 22℃。在 15 ~ 26℃的温度区间中，较高的温度比较低的温度更不利于认知能力的发挥，复杂的工作任务比简单的工作任务更容易受到高温的影响。

那么个体差异呢？让甲感到舒适的温度可能对乙来说就太冷或太热了（当然不仅是工作环境，到哪里都会有这样的情况。每次我去练普拉提，开课前都会有一场健身房太热还是太冷的争论，有时候还争得颇为激烈）。近期的一项研究发现，在适度寒冷到适度温暖的温度范围内，主观温度感受比客观实际温度更重要。研究者根据测试对象对冷暖温度的喜好将他们分为两组，分别在两种温度环境中（15℃和25℃左右）完成一些任务。喜欢温暖环境的测试对象在温度较高的房间里表现更好，喜欢凉爽环境的一组则在温度较低的房间里表现更佳。也就是说，在适度寒冷到温暖的温度范围内，人们知道最适合自己的温度（这与高温不利于人们认知表现的研究结果并不矛盾）。

性别与温度喜好

我经常参加委员会和董事会的会议，与会者大部分是男性，我总觉得会议室有些冷，尤其是盛夏人们把空调开到最大的时候。多年来我总是随身带一件毛衫，我能做主的时候就会把空调温度调高，我注意到房间里大部分（男）人并没有什么不适。显然我并不是唯一一个觉得太冷的人。《纽约时报》《华盛顿邮报》《电讯报》《大西洋月刊》等大众媒体上刊登过诸多文章，探讨对女性来说办公楼里的空调温度太低的问题。莫妮卡·海塞在《华盛顿邮报》的一篇文章中写道："在这个国家，温度是默认由男性来设定的。"

美国采暖、制冷与空调工程师学会将“热舒适度”这一概念定义为“对热环境表示满意的心理状态，并通过主观评价进行评估”。性别是影响热舒适度的诸多因素之一，一些最新的研究验证了热舒适度的性别差异。芬兰的萨米·卡加莱农教授就男性和女性的热舒适度进行了荟萃分析，回顾了在澳大利亚、芬兰、瑞士、中国台湾和北美等地区迥异的气候环境中进行的若干实地调查和实验室研究。实地调查研究的环境包括办公楼、住宅楼、学校教室、商业楼宇和老年公寓，而实验室是可以调节温度的。大部分研究发现，在相同温度的环境中，女性表达出更多不满。女性也对温度的变化更敏感，对寒冷尤其不满。例如，美国的一项研究发现，女性对夏季的温度满意度显著降低，在冬季则没有这样的不满情绪；巴西更新的研究也发现了类似的现象。日本的一项研究发现，30% 的女性受到夏季空调温度太低的困扰，男性则几乎没有这个问题。

我们如何解释这种性别差异呢？

人体的热量取决于几项因素，其中之一是基础代谢率，由年龄、性别、身体成分和体形共同决定。女性比男性的基础代谢率低，因此身体产生的热量也更少。而且，女性的身体质量更低，体表面积与身体质量之比较高，这也意味着她们身体产生的热量较男性更少。

荷兰的两名研究者给出了这样的解释：办公室恒温控制器的设计是基于 20 世纪 60 年代开发的模型，“其设计基础是男性的平均代谢率，并且可能将女性的代谢率高估了35%”。如今，办公室里约一半的员工是女性，我们需要考虑男性和女性代谢率和身体组织参数的差异，重新调整温度模型。

办公室温度太低影响的不仅是女性员工的舒适度，还有她们的工作效率。2019年发表的一项研究调查了温度对男性和女性认知能力的影响。实验涉及543名测试对象，他们在不同的温度环境（16.19～32.57℃）中完成一组数学和文字测验。研究结果发现，女性在温度较高的环境中表现更好，而男性正相反，且女性业绩的提升幅度明显大于男性的业绩下降幅度。

让办公室温暖一点

研究显示，女性比男性对室内温度更敏感，女性在较温暖的环境中感觉更加舒适、生产力更高。将办公室的空调温度调高一些，女性员工的舒适度和工作效率就会得到提升，同时对男性员工的影响可以忽略不计。另外，调高空调温度也能节约成本，更加节能环保。

温度与决策

大约一年前，我决定投资一笔钱。当时我坐在投资顾问的办公室里，需要从他提供的选项中选出最适合我的投资决策。要做出决定并不轻松，需要仔细掂量诸多因素。我得想清楚哪些风险我能够承受，需要搞懂哪些金融产品，然后找到合适的投资组合，不要把鸡蛋都放在一个篮子里。我必须考虑整体的投资组合，才能选择出最佳投资方案。那是个炎炎夏日，办公室里的空调坏掉了。我看着面前的文件，尝试系统性地对比每个方案的利弊，但感觉这是个不可能完成的任务。两个选项摆在我的面前：要么在那个闷热房间里，靠自己的判断做出决定，要么改天再来。我很明智地离开了，当天并未做出任何投资决策。

的确，科学研究显示，太热时我们很难系统地考虑复杂决策中的所有选项。在近期的一项研究中，市场营销研究者艾玛尔·奇马和凡妮莎·帕特里克将测试对象分为两组，一组在较冷的房间中（19℃），另一组在较热的房间中（25℃），测试对象被要求从两个手机套餐中选出更好的一个。手机套餐较为复杂，需要仔细研究比较，计算每个套餐的费用、免费通话时长，搞清楚哪个更实惠。在选出更划算套餐的人数中，较热房间里的人数明显少于在较冷房间的人数。所以，即使是中等程度的高温也会消耗我们的脑力资源，让我们难以全面考虑所有的选项。高温影响我们的判断力，大量消耗我们的脑力资源，不利于在复杂选项中做出正确决策。这时，我们可能仅仅基于问题的某一方面能做出决策，虽然这样更轻松快捷，但往往会导致不理性的选择。当我们缺乏睡眠或者长时间高强度工作时，也会发生类似的情况。

提升工作表现的温度——避免极端情况

确保你的办公环境处于理想的温度区间（20 ~ 22℃），避免太高或太低。太冷的房间会影响你的舒适度和工作效率；而太热的房间虽然舒适一些，但也会影响你的工作效率、容易疲劳，甚至让你因无法全面考虑问题而影响理性决策。

温度与从众性

研究显示，物理温度会影响我们的判断和情绪。身体温度和社交温度之间确实有关联，诸如“温和的性格”“和谐的人际关系”之类的形容并不仅是丰富我们语言的美好表达。例如，发表在著名的《科学》杂志上的一项被广泛引用的研究中，市场营销学教授劳伦斯·威廉姆斯和社会心理学家约翰·巴格发现，手握一杯热咖啡的人会更友善、更慷慨，并且会感觉他人也更加友好和温暖。研究还发现触摸较热物体的人会更信任他人。之后一项德国的研究发现，温暖环境中的人与他人的感受更类似。温暖能够增强人们之间的联结，寒冷则会增加孤独感。我在《感官心理学》这本书中，讨论过关于身体对温暖的感受如何激活温暖和慷慨行为的研究。这里我将详细论述身体对温暖的感受如何影响我们的工作活动和商业行为。

如果身体的温暖确实能增加感知的相似性和亲密度，它是否也会增加人的从众性？我们知道人的服从度有差异，这是否有可能受到室温的影响呢？

近期，来自中国的研究团队进行了一项研究，试图找到这一问题的答案。通过一系列实验发现，处于温暖房间中的测试对象更认可他人观点的正当性，也更愿意遵从这些意见，而处于较低温度房间中的测试对象则正相反。在其中的一项实验中，一组测试对象坐在温暖的房间中，另一组在凉爽的房间里。每位测试对象的面前会呈现三组商品：两张沙发、两辆自行车和两台手持导航设备。测试对象被告知每样商品的市场占有率，然后从每组中选出一件商品。每组中市场占有率更高的那件商品就表示购买人数更多。与在凉爽房间中的测试对象相比，温暖环境中的测试对象表现出更高的从众性，他们更愿意选择购买人数多的商品。

另一个实验意在调查金融环境中的服从性问题。研究者告知MBA学员参加的是一项关于股票预测的研究。同样，测试对象分为两组，分别处在温暖和凉爽的房间里。然后，研究人员向他们展示了8个时间段内的6幅股票价格波动曲线图，这些图是由电脑程序随机画的。测试对象必须说出每只股票是买进还是卖出。为了获利，如果他们预期股票价格在下一时期会上涨，就应该买进，如果认为股票价格在下一时期会下跌，就应该卖出。此外，他们还被告知，预测准确将会获得金钱奖励。

研究人员给一半的测试对象看了在同一实验的前一阶段中大多数测试对象所做的选择，并告诉他们大多数的测试对象预测其中的三只股票价格会上涨，另外三只会下跌。另一半测试对象则没有被告知其他人的答案。实验结果令人惊讶。测试对象在温暖宜人的环境下，更容易受到其他人对于股价预测的影响。对于未被告知其他人看法的一组测试对象，房间温度的高低对他们的决定没有影响。当测试对象被要求想象他们在一个赛马场并给一匹马下注时，也会发现类似的结果。测试对象身处温暖的环境中，更有可能在最受欢迎的马身上下注。研究人员认为，温暖的环境增强了亲密感，因此增加了从众性，并影响决策。

在温暖的环境中，归属感和友善待人的需求也可以从人们回答问卷的方式中得到证明。一项研究显示，坐在温暖房间里的测试对象更可能按照他们所认为的研究者的意图来填写问卷，而不是自己的真实想法。

温暖的环境不仅能增强从众性，还会增加我们赋予产品的价值。研究人员将测试对象安排在温度为18℃和26℃的房间里，然后向测试对象展示了学生们经常购买的各类商品的照片，如咖啡、唱片、沐浴露等，并让他们回答愿意为每件商品付多少钱。在温度较高的房间中的测试对象愿意为产品支付更多的钱。

让人们对你热情起来

如果你想让他人感受到亲近并因此更愿意接受你的建议和决定，就把房间的温度调高一些。温暖的房间对你的谈判较为有利，更可能让对方同意并采取你的观点。同样，如果你想出售某件商品，

要保证房间温暖舒适，这样买家更可能喜欢上你的产品。

显然，物理温度会影响我们的工作表现，尤其是需要在复杂任务中做决策的时候。较高的温度会大量消耗我们的能量，降低专注力。在 20 ~ 22℃这一理想的温度区间中，主观温度感受可能比实际温度更重要。如果你能控制办公室的温度，就把它设置在让你感觉舒适的区间，但也不要太暖和。如果你控制不了温度而且感觉太冷或太热，记得带上合适的衣服，这样你就可以控制和改变主观温度感受。

温度不仅影响着我们的工作表现，对心理也会产生深远的影响。如果环境温度能提高人的从众性，能加强归属感和与他人联结的需求，从而影响我们的决策，那它对于谈判、营销和小组讨论来说可能也具有重要意义。在团队讨论中，我们想要达成最好的解决方案，就需要听取可能挑战我们自己观点的其他想法，这时我们就不太希望他人轻易顺从并很快同意我们的观点，在这种情况下，凉爽舒适的房间比较好。反之，如果我们想要说服他人并希望他们做出与我们相同的决定，那么一个温暖舒适的房间会更有利。比较温暖的温度也会导致更多的消费，所以下次购物时，你可以记住这一点——如果你觉得比较暖和，你可能会买下更多的东西！

前面的章节里，我们探讨了办公室的温度和光线、办公布局（封闭还是开放）等环境因素如何影响我们工作的效率和幸福感，这也是公司高效运行的关键因素。满意度低的员工工作效率也低。此外，物理环境也会影响各种看似与这些因素无关的行为，如从众和道德行为。

公司应该认真考虑物理环境的设计，对于环境温度和光线的设计认真做决策。关注这些因素对公司和员工都有好处：不仅能提高员工的满意度，还能提升他们的业绩。

对于员工个人而言，需要多关注环境对自己的影响，并且尽可能地多尝试改善工作环境。如果办公室设计不理想，那么在可能的情况下，在自己的工作区域内放一盏明亮的台灯、一台小型取暖器或电扇，它们都能够帮你更好地工作。此外，还要多了解物理环境对我们的行为、谈判和决策的影响，好好地利用它。

再强调一次，关注这些环境因素对公司和员工都大有裨益。

第四章 置身蓝色空间可以减轻工作压力？

观赏鲜花让人感觉平静和治愈。它们既没有情感，也没有冲突。

——西格蒙德·弗洛伊德

我经常在清晨或傍晚下班后沿着海滩散步。不只我有这个习惯，很多人都喜欢沿着海滩散步，享受蓝色海水和白色浪花冲击沙滩的声音。傍晚欣赏着太阳从远处波光粼粼的水面上落下，是多么惬意的事啊！我记得一次散步时遇到一位邻居，他指着海水说："这就是我的心理医生。"这些年来，我在不同地方、不同时间的不同自然环境中，听到很多人说过类似的话，"它让我保持理智""这是最好的良药""它帮我调整心态"。作为一名心理学家和研究者，这让我开始思考。

我们大多数人都知道自然环境令人愉悦，有益身心。但具体以什么方式呢？好了，现在我们用科学来解释。

许多研究已经检验了自然对压力、情绪、积极性和认知表现的影响，以及自然的修复性作用和其他有待发现的好处。

研究结果已经非常明晰：我们现在可以自信地说，大自然对上述所有方面都有益处，而且我们可以以各种（令人惊讶的）方式利用它的好处，这些方式简单易得，而且几乎不需要任何成本。任何人都可以通过大自然来提升自己的工作质量和生活质量。

找到更有益的自然环境

压力是西方社会的普遍问题，工作即使不是成年人压力的主要来源，也是其中之一。一项又一项的研究已经证明压力对我们生活的不良影响，这些影响涉及我们的身体、思想、行为，甚至外表，短期的压力会导致头痛、胸痛、肌肉紧张、肠胃不适、失眠、消极情绪、愤怒爆发、暴饮暴食、药物滥用等问题。世界卫生组织将压力称为"21 世纪的流行病"，并指出许多严重疾病都与压力有关，包括心血管疾病（高血压、心脏疾病、心律失常、脑卒中）、抑郁、焦虑、进食障碍、皮肤和头发问题、胃肠道疾病以及性功能障碍。

引起工作压力的因素有很多，包括时间紧、任务重、要求高、缺乏掌控力、与同事和老板的关系紧张、担心工作保障以及害怕被解雇——不幸的是，这些因素对如今的员工来说太普遍了。在工作中，压力是导致缺勤、注意力不集中、身心疲劳、生产力下降和过劳的罪魁祸首。此外，世界卫生组织预估，每年抑郁症和焦虑症引起的生产力下降，将造成一万亿美元的经济损失。这一数据的计算基于因压力导致的缺勤天数、直接的经济补偿、保险成本（报告显示压力过大的员工的医疗费用更高），以及压力过大的员工无法保证最佳的工作效率这样的事实。

所以如果你的生活压力过大，一定要采取一些行动。一些常见的压力管理技巧包括冥想、正念、锻炼、充足的睡眠、深呼吸练习、瑜伽以及寻求专业的帮助。这些都是有效的方法，非常值得尝试，我们将会在后面的章节具体探讨其中的一些方法。还有什么未被广泛推荐的好办法呢？多接触大自然。研究表明，置身大自然不仅是愉悦的美学体验，而且可以减轻压力，每个人都能做到。

许多研究试图测试在大自然与城市环境中散步对心理和生理影响的差异。日本的几项研究中，研究人员比较了森林和城市环境对压力的影响，考察了“森林浴”的效果。这个词是 1982 年由日本农林水产省创造的，描述的是沉浸在森林的氛围中的感受。测试对象要在森林或城市环境中待上一段时间，测试前后研究人员对他们进行了多项生理测量，包括心率、血压和唾液皮质醇浓度（浓度越高，压力越大）。在一项独特的研究中，研究人员前往 24 个不同的森林和一个城市环境，对 280 名测试对象进行了实验。每轮实验中都有 12 名测试对象被分成两组，每组 6 人，分别被带到森林或城市环境中，在那里待一天，然后在第二天交换环境。在到达特定地点之前，研究人员会测量测试对象的压力水平（皮质醇、心率、血压）；到达特定地点15分钟后，研究人员再次测量他们的压力水平；随后测试对象在周围散步16分钟，再次进行测量。与城市环境相比，在森林环境中的测试对象皮质醇水平、脉搏频率和血压都更低。观赏森林景观或林中散步也被证实有类似的减压效果。

在最近的一项研究中，中国四川农业大学的研究人员要求60名测试对象在竹林中或城市地区步行15分钟。实验前后分别测量了他们的血压和脑电图，并对其注意力进行了测试。与之前的研究类似，在竹林里散步的测试对象的血压显著降低，脑电波也发生了变化——脑电图显示他们的精神得到了放松，且注意力更加集中；在城市中散步则没有这一效果。本章我们还会继续深入探讨这些影响。

斯坦福大学的研究人员最近在西海岸进行了一项研究，重复并扩展了之前的研究。测试对象被要求在斯坦福附近的自然环境和市中心散步50分钟。散步前后，每位测试对象都要完成若干认知任务，并完成评估积极和消极情绪（包括焦虑和沉思）的问卷。研究结果清楚地表明，在自然环境中散步比在城市环境中散步更有益处：在自然环境中散步的人焦虑情绪更少，包括沉思在内的负面感受也有所减少。在认知表现方面，在自然环境中散步后，一些认知任务的完成情况得到了改善，而在市区散步没有这方面的改善。

但我们一定要去森林中才能减压吗？我们处于哪种自然环境很重要吗？自然环境有不同的类型和“自然”程度——有海滩、湖泊、山脉，甚至城市公园。它们都有类似的减压效果吗？

在《国际环境研究与公共卫生杂志》上发表的一项研究中，研究人员比较了自然环境和城市环境对压力的影响，但与此前的研究不同，他们将自然环境和城市环境设置得更加丰富。测试对象被要求参观四个不同的环境，其中两个是包括树木等植物的自然环境——一个几乎没有人类涉足过；另一个有明显的人类影响的迹象，如远处的建筑物。另外两个是城市环境，其中一个经过一定程度的开发，另一个是高度发达的城市。研究人员通过测量皮质醇水平和测量压力不同方面的自我报告的问卷，来确定测试对象的压力水平，与之前的研究发现相似，接触自然环境可以减少压力（通过主观的自我报告和客观的皮质醇浓度测量得来）。不同自然环境的“自然”程度对结果没有显著影响。换句话说，在办公室附近的公园散步也可以帮你减压，这和在遥远的森林中散步效果相当。

加一些绿色能量

大自然带给我们的远比美景更多。面对工作和生活的重重压力，选择在工作间隙休息一下，在大自然中散步是恢复精力和提高工作效率的好办法。工作再忙，也要抽空出去走走，最好是在大自然

中。不一定要去森林、湖边或海滩，在公园或任何其他有树木、花草的地方散散步就可以了。如果你能听到鸟叫或看到池塘，就更棒了。当你回到办公室时，你会惊奇地发现自己是多么轻松，可以随时准备再次投入忙碌的工作。在大自然中休息一下，即使很短的时间，也能让头脑更清醒、精力更充沛，从而提升你的工作效率和精神状态。

有时也需要点“蓝调”

自然界不仅有像公园和森林这样的绿色空间，还有诸如大海、湖泊、河流和瀑布这样的蓝色空间。我们大多数人都喜欢靠近水，倾听海浪、凝视大海。酒店的海景房收费更高，人们也愿意为海景多支付 8% ~ 12% 的房费。许多人喜欢去海滩看看海浪，感觉非常疗愈。大部分研究自然对我们幸福感影响的调查都集中在绿色空间上，但越来越多的研究也考察了蓝色空间的影响。

英国的一个研究团队向测试对象展示了 120 张描绘自然环境和建筑区域的照片，其中一半的照片有水的元素。研究人员发现，与那些没有水的照片相比，绿色自然也含水的照片或同样含有水的建筑环境的照片被认为更具疗愈作用、更受青睐，也更能激发积极的感受。有水的建筑环境的照片被认为与自然环境的照片相似。换句话说，蓝色空间与绿色空间有相似的积极影响。

不同国家的几项研究发现，接近蓝色的空间可以减轻压力，并与幸福感呈正相关。例如，在德国莱茵河沿岸的科隆和杜塞尔多夫进行的一项研究发现，漫步在河边步道上的人表示对这个地方有情感依恋，并感觉压力得到缓解。另外两项分别在中国香港和新西兰进行的研究也得到了类似的结果。居住在靠近并能看到蓝色空间社区的人，主观幸福感更强。

为得出一个更普遍的结论，西班牙研究人员进行了一项系统性研究，回顾了 35 项关于蓝色空间影响的研究。他们同样发现，接触蓝色空间与心理健康和幸福感之间呈正相关。

两位英国学者也进行了一项有趣的研究，以一种独特的方式探索蓝色空间与幸福感之间的关系。他们开发了一款智能手机应用程序，通过 GPS 记录人们的位置，在不同的时刻随机接近测试对象，向他们出示一份主观幸福指数问卷，同时记录他们的位置。问卷内容包括他们对生活的满意度，以及当时的情绪和感受。研究人员从 2 万多名测试对象中收集了 100 万条回复。结果显示，人们在自然环境中比在城市中更快乐，并且在海洋和沿海地区最愉悦。

这样看来，绿色和蓝色的空间都有助于促进心理健康和提升幸福感，都有疗愈作用，能使人平静下来，减轻压力和焦虑。

多尝试蓝色空间吧

当你感到压力和焦虑的时候，试着去户外的蓝色空间看看吧，

如海洋、河流或湖泊。在海边或河边散步，或者只是坐着看看水。你会惊奇地发现，它能让你恢复精力，感到更加平静和快乐。

可以看到自然风景的办公室

如果只是简单地看看窗外的自然风景呢？韩国的一项研究调查了通过窗户看到自然风景（在这个研究中是一片森林）与工作满意度和工作压力之间的关系。参与实验的是 931 名办公室职员，包括管理人员和普通职工，其中 481 人可以从自己座位边的窗户看到森林景色，而另外 450 人则不能看到森林和其他任何自然景观。研究人员向职员们发放了测量其工作满意度和工作压力的问卷，问卷内容涵盖员工与同事和上司的关系、令人不快的工作要求（加班、超负荷工作）以及职责分工不明确等问题。研究结果清楚地显示，与那些看不到森林窗景的职员相比，能看到森林窗景的员工压力更小、工作满意度更高。

尽管如此，不能从窗户看到自然景观的人也还是有希望的。另一项由环境心理学领域的先锋和重要研究者艾格尼丝·范登伯格主持的研究比较了在四种不同的环境中散步对减少压力、情绪恢复和提升的影响。只是在这里，散步是想象出来的——测试对象被要求通过关注幻灯片上的一系列照片，生动地想象他们在图片描绘的环境中散步。

实验开始时，研究人员向测试对象展示了一段特别恐怖的电影片段，以引起压力。然后，研究人员分别向每个测试对象展示四种 PPT，让他们想象在其中散步：没有植被的城市街道、经过精心照料的公园、森林公园和野外森林环境。在模拟散步前后，测试对象回答了一些问题，以测试他们的情绪和恢复情况，他们就如下一些陈述给出回应，如“我的头脑不会被紧张的想法所侵扰”“我可以腾出时间来思考自己的问题”“我可以从忙碌的生活中抽出时间”“我可以把所有的问题都抛在脑后”。

与前面的研究类似，与在城市环境中“散步”的人相比，在自然环境中假想散步的测试对象能够更好地从压力中恢复，心情更愉悦，其自我报告的恢复情况也更好。有趣的是，尽管实验中三种自然环境的自然程度不同，但它们的效果并无差异。这些结果表明，无论哪种自然环境都有助于缓解压力、恢复精力和提升情绪。在我看来，同样令人兴奋的是，人们不需要真正去自然环境中就能找到减压的方法，只需要简单地看看风景或想象自己在自然环境中漫步就足够了。

所以，如果你在想“如果我没有时间出去怎么办”或者“如果我上班的地方在高楼林立的市中心，看不到自然景观怎么办”，别担心，如果你因为时间紧张或者环境所限无法在自然环境中散步，那就看看自然景观的照片或者想象自己在其中散步。你只需要在网上输入“虚拟远足”,然后即刻就能“远离一切”、缓解压力、恢复精力。

天籁之声

我们知道，走进大自然，欣赏或想象自然景观能减轻压力、恢复精力，实际上聆听大自然的声音也会有帮助。在瑞典进行的一项研究中，研究人员调查了各种声音对缓解压力的影响。测试对象被要求完成一项有难度的运算任务，然后测量他们的皮肤电导水平和心率变异性，这是压力下心理恢复的指标：从压力中恢复时，测试对象的皮肤电导水平下降，心率变异性增强。在完成这项任务后，测试对象们得到一段时间的恢复期，在此期间，他们会听研究人员制作的四段录音中的某一段：自然的鸟鸣声和喷泉的水声、大流量道路交通的声音、低流量道路交通的声音，以及来自安静的后院的噪声——家庭通风系统柔和的嗡嗡声。实验结果表明，听到自然界声音的测试对象的皮肤电导水平比听到城市环境声音的测试对象的皮肤电导水平要低，这意味着当伴有自然声音时，人们从压力中恢复得最快（在四种条件下，心率变异性没有显著差异）。经历紧张的压力情境后，当人们接触到自然的声音时，他们的情绪恢复会更快。

在随后的一项研究中，宾夕法尼亚州立大学的研究人员详细调查了声音对压力恢复和情绪提升的影响，他们把实验设计得更为微妙。测试对象被要求观看一场手术的特写镜头，以引起不适和负面情绪。他们在观看视频之前，要完成一份“简要情绪自省量表”，用来测定情绪状态。测试对象对 16 个不同的情绪词汇用

1 ~ 4 分来进行打分，这些词汇包括“兴奋、疲惫、快乐、平静、充满活力、悲伤”等，其中 1 分表示“没有感觉”，4 分表示“明确感觉”。在观看手术视频后，测试对象会听到四种声音中的一种：鸟鸣和树叶沙沙声等自然界的声音、背景中有机械噪声的自然声音、背景中有人说话的自然声音，而对照组则没有听到任何声音。随后再次让他们填写量表，评估其情绪和情感状态。四组中，听纯天然声音的测试对象的情绪和压力恢复情况最好。

现在，人们只要有一副耳机和一部手机，就可以立即享受到大自然的声音带来的愉悦。网上可以随处下载自然界的声音（海滩、雨林、潺潺的溪流、丛林等）。因此，经历紧张或消极的情境后，你可以让自己沉浸在大自然的声音中，以此有效地缓解压力、改善情绪。

所以，自然环境是一种被科学证明的减压剂。无论你是置身其中，观赏它、倾听它，还是想象自己在大自然中远足，都能获益良多。它不需要任何费用，而且每个人都可以以这样或那样的形式接近它。考虑到压力的普遍性和破坏性，将大自然融入我们的生活是十分明智的。

恢复注意力与缓解精神疲劳

当你在进行耗时费力的脑力活动时，无论是工作还是学习，到了某个阶段，都会感到筋疲力尽，效率直线下降。这时你需要从精神疲倦的状态中恢复过来，以便在适当的时候以令人满意的状态重新投入工作。

理想状态下你花多长时间来恢复能量都可以。然而，在现实世界中，精神疲劳和注意力不集中会让你付出高昂的代价——在工作中，严重错误和生产力的下降可能会让你丢掉饭碗。你必须恢复精力，而且你没有那么多时间可以慢慢来。

所有人都会感到精神疲劳，尤其是在工作中从事重要项目的时候。对一些人来说，精神疲劳是家常便饭，特别是在需要注意力高度集中的工作中。一旦精神疲劳，你的专注度和工作表现都会受到影响，这时，大自然是疗愈精神疲劳的良药。下面这些研究证明，不同形式的自然环境可以帮助我们迅速从精神疲劳中恢复，重获能量。

在这之前先简单介绍一下注意力恢复理论。这一理论解释了自然环境如何有助于我们恢复注意力和缓解精神疲劳。

这一理论认为，基于不同的大脑功能，我们的注意力分为两种类型：定向注意力和非定向注意力。前者是自愿和有意的；后者是被动的，不需要意志。由于定向注意力需要付出努力，所以它是有限的。从事一项需要集中注意力的认知任务时，在某个时间点会出现精神疲劳，注意力资源出现枯竭。你会感到筋疲力尽，这时就需要休息了。

另外，非定向注意力使我们在清醒的时候能毫不费力地吸收外界的刺激。对此，大自然的优点再明显不过了。自然界中有各种迷人的景色，如日落、山峦和湖泊，让我们通过毫不费力的非定向注意力就能沉浸其中，让紧绷的精神机器得到喘息。

与此相反，城市环境中的刺激物，无论我们喜不喜欢，都会占据我们的定向注意力（我们需要避开汽车、注意红绿灯、观看或有意忽略攻击性广告、听到警笛声和工业噪声等）。

下面这些研究揭示了大自然如何帮助我们恢复注意力和缓解精神疲劳。

来自密歇根大学和斯坦福大学的一组研究人员进行了两项实验，研究接触自然对认知表现的影响。在第一项实验中，他们让32 名大学生大声朗读一组数字，然后倒着重复出来——这是一项需要定向注意力高度集中的任务。随后，学生们还被要求完成一项额外的任务，以造成进一步的精神疲劳。接下来，研究人员让他们在学校附近的公园或者安娜堡市中心散步 50 分钟。散步之后，学生们再次完成反向复诵数字的任务。在大自然中散步后，学生的表现有所提高，但在城市中散步则没有这样的效果。

研究人员又进行了另外一项类似的实验。只是这一次，研究人员让学生们观看一些自然或城市景观的图片，而不是散步。在观看这些图片的前后，学生们需要完成若干认知任务，其中一些需要定向注意力。观看自然风景图片的学生的认知表现有所提高，而观看城市景观图片的学生则没有。我们可以从这两个实验得出结论：不管以哪种方式与自然互动，都可以提高人们在需要集中注意力的认知任务中的表现。

在一项类似的研究中，环境心理学研究人员丽塔·贝托让测试对象做“持续关注反应任务”。测试中，一系列数字迅速出现在电脑屏幕上，测试对象看到特定数字之外的任何数字都必须按下按钮（例如，看到除了3之外的任何数字时，按下空格键）。这项任务需要定向注意力，会导致精神疲劳。完成测试后，测试对象需要观看25张图片。一半的测试对象看的是诸如湖泊和森林等自然风景的图片，另一半测试对象看到的图片中没有自然风景。看完这些图片后，他们再次接受任务测试。结果很明确：那些观看自然风景图片的人在第二轮的测试中表现良好。也就是说，那些观看自然照片的测试对象恢复了注意力，克服了精神疲劳，从而证明了自然的疗愈能力。

看看自然中的绿色

我们的“自然放松”需要多长时间才能产生效果？最近，来自澳大利亚的研究团队让150名学生完成了上面实验中的枯燥任务——持续关注反应任务。任务进行到一半时，学生们得到40秒的短暂休息，去看一幅城市风景画——一半学生看到的是混凝土屋顶，另一半看到的是开着鲜花的绿色屋顶。实验表明，后者表现明显好于前者，即使短暂地观赏自然景观图片，也能使他们的精神疲劳得以缓解。

这些结果表明，仅仅在观看自然风景后，注意力就可以得到提高，真的很神奇。

给头脑开绿灯

如果你不能在工作中长时间休息，那就短暂地歇几分钟，找一些绿色的东西看看。可以是透过窗户看到的草坪、树木，也可以是办公室里的植物，或者一幅画。当你重新开始工作时，你会感觉更加专心，表现也会更好。

植物

许多办公室的桌面或地板上都用室内植物来装饰。但它们的作用可能不仅限于赏心悦目和分隔空间，下面几项研究调查了室内植物对员工是否具有与接触自然景观类似的积极作用。

在一项研究中，来自挪威和瑞典的研究人员将测试对象分为两组，一组坐在有四棵植物的办公室里，另一组坐在同样的但没有植物的办公室。测试对象要接受一项“阅读广度测试”。在这个测试中共有 96 个句子，电脑屏幕上会分批出现 4 ~ 6 个句子，测试对象需要记住每个句子的最后一个单词。这项测试可以衡量注意力“容量”。第一次的测试结果表明，两组之间没有差异，说明植物组和非植物组之间在实验前没有差异，确定了共同的参考基准。随后，研究人员让测试对象完成一项有难度的校对任务，以提高其精神疲劳程度，然后再次进行阅读广度测试。坐在有植物的房间的测试对象在第二轮的表现有所改善，而坐在没有植物的房间的测试对象则没有改善。这些结果表明，在人们完成导致精神疲劳的认知任务后，周围环境中的植物可以使注意力更好地恢复。

挪威的另一项研究旨在调查室内植物对工作压力、生产力和员工病假的影响。研究人员接触了三个办公场所的员工，他们可以自由地对工作场所进行个性化改造，选择是否放些植物。他们被问及关于办公室里的植物的问题，比如工作时可以看到的植物数量和植物离工位的距离。他们还被问及工作压力、病假情况以及工作效率，采访问题如下：

1. 你对自己的工作质量满意吗？
2. 你对自己的工作量满意吗？
3. 你对工作有责任心吗？
4. 你在工作中有创造力和问题导向吗？

研究结果显示，员工身边的植物数量与较少的病假天数和更高的生产力有较小但显著的关联（但与其所感受到的压力没有关联）。挪威的研究人员还发现，在无窗办公室工作的员工比在有窗办公室的员工更喜欢布置室内植物。此外，无窗办公室里的员工在墙上装饰的自然风景图片是有窗办公室员工的 3 倍，这更有力地证明了我们亲近自然的愿望。

中国台湾的一项研究，系统地考察了不同景观（城市或自然）和室内植物对生理和心理的影响。他们向测试对象展示了6张不同的工作场所照片，每张都有不同窗景和植物的组合：1. 没有窗，没有植物；2. 没有窗户，只有植物；3. 窗外有城市景观，无植物；4. 窗外有城市景观，有植物；5. 窗外有自然景观，无植物；6. 窗外有自然景观，有植物。每张图片的展示时间为15秒，测试对象观看照片时，研究人员以各种方式测量他们的生理反应：脑电图测量脑电波；肌电图监测前额面部肌肉；还有血容量脉冲,测量交感神经兴奋程度和心血管的压力反应。此外，测试对象还需要完成一份焦虑量表问卷，监测其在某段时间内的焦虑程度。

实验结果清楚地表明，不同的照片引起的生理反应和焦虑程度各不同。有自然景观窗景和室内植物组合的图片产生的益处最大，所有的自然景观都比城市景观更有益。没有窗外风景，也没有室内植物的办公室照片造成的焦虑和压力水平最高。

关于室内植物影响的研究结果较为复杂，不像户外自然环境的影响那样具有决定性。在很多情况下，研究的确表明办公室放置植物有积极作用，但还需要进一步的研究，才能得出更有力的结论。不过，如果你的工作很累人，办公室又没有植物，那还是在办公室放些绿植吧。它们不仅可以提高你的工作表现，帮你减轻压力，还能美化你的工作环境。

让自己融入自然吧

尽可能地将自然融入你的工作空间。植物很棒，自然风光的照片也很不错。你还可以戴上耳机，播放自然环境的声音。这是个很好的解压技巧，放松你的大脑，让它高效清晰地思考。以上所有这些方法都能让你在不知不觉中受益。接触大自然就会获得最佳状态，因为从进化的角度来说，大自然是人类的发源地，是我们的“大本营”。

这些研究发现意义重大。你的工作可能会给你带来很大的压力，还会耗费心理资源，但科学已经证明大自然是一种可靠的减压方式。正如我们所见，到大自然中走走大有益处，即使是窗外的自然风景也可以让人恢复精力，提升认知能力和幸福感。

花点时间在自然中漫步，以及拥有一间看得见风景的办公室是最理想的。虽然这并不是我们所有人都能拥有的条件，但在办公室里多摆些植物、看看令人平静的图片、听听自然界的声音都是有效的，能让你日复一日地受益。

这些建议对个人和组织都很重要。企业要鼓励员工在工作间隙到户外散散步，多在办公室摆放绿色植物。上述研究已经表明，这样做对减少病假，提高员工生产力、工作满意度和幸福感大有帮助。一旦员工的生产力和工作满意度得以提升，出勤率提高，精神状态饱满，公司从中得到的好处自然如雪球般越滚越大。

第二部分

如何让团队合作成为你的职场加速器?

第五章
如何通过细微动作跟同事互动?

与主人的握手会影响烤肉的味道。

——本杰明·富兰克林

在人际交往中，我们会快速形成第一印象。在面试或谈判的时候，坐在陌生人的对面，我们会根据多个因素来评价这个人，语言交流只是其中之一。事实上，我们甚至在交谈之前就已经对面前这个人做出了判断。研究表明，人们会在见面的七秒内形成第一印象。至关重要的是，该研究表明，一个人的可信度会在十分之一秒内被评估，这完全符合进化论。毕竟，如果你遇到了对你怀有恶意的敌人，只有那些快速读出对方潜在的攻击信号并迅速逃离的人才能生存下来，那些等待口头或其他信息来评估自己境遇安全性的人则会受到伤害甚至丧命。

我们很早就知道，口头表达在人类交流中只占一小部分。其他的非语言因素在很大程度上发挥着作用，包括面部表情、肢体语言、眼神交流、声音质量、着装、吸引力、身高等，我们稍后将讨论其中的一些因素。这一章我们将探讨那些常常被忽略却又极其重要的因素：人们在不说话的情况下如何交流。

握手

许多研究表明，第一印象对求职面试至关重要，面试官往往会在面试开始几分钟内就做出决定。握手通常会决定我们对求职者、客户或谈判对象的第一印象。

在互联网上有关握手重要性的搜索结果达到近 100 万条，其中包括在面试中如何正确握手的建议。许多网站都给出了正确握手的建议，帮助我们在求职面试、谈判或与未来伙伴初次见面等场合表现得更好。这些建议包括“握手要坚定有力，但不要太用力”和“握手时间应该为 2 ~ 5 秒”。

有些面试官会主动和应聘者握手，有些则不会，有时是应聘者主动握手。人们普遍认为，一个有力的握手在求职面试和社交中有着至关重要的影响。最近，我所在的委员会面试了某家公司 CEO 职位的候选人。面试过程中我们没有主动与各个候选人握手，只是做了自我介绍，只有两位候选人主动和我们所有人握了手。

这会影响我们的决定吗？面试者主动握手是否会影响我们的

判断？握手的方式是否也会对我有影响？

正确的握手方式对面试的成功至关重要，这一点几乎得到了普遍认同。然而，针对求职面试中握手的实证研究还较为稀缺。尽管如此，还是让我们从科学的视角看看这个问题吧。

来自爱荷华大学、得克萨斯农工大学和内布拉斯加州克瑞顿大学的研究人员，调查了面试者握手与面试官评价之间的关系，他们邀请学生们参加人力资源专家组织的模拟面试。面试官在面试前后与学生们握手，并评估他们握手的力度。此外，学生们还需要完成一份性格调查问卷。在面试结束时，面试官会写一份招聘推荐信。研究人员发现，握手力度和面试官评价之间存在正相关性，那些握手有力并直视对方的学生得到了更有利的推荐意见。因此调查得出结论："那些遵循握手常规做法的人，比如紧紧握住对方的手、直视对方的眼睛的人，面试官会认为他更适合这份工作。"

握手是否能够传达关于个人特质的有效信息？两项研究发现，有力的握手与外向性格和优势地位相关，而较轻的握手与内向、神经质和害羞相关。在一项研究中，112 名测试对象受邀完成四份性格调查问卷。每份问卷都在不同房间进行，并且由单独的实验人员管理，每次会面开始前实验人员都会与测试对象握手。实验人员从不同的角度对每次的握手进行评定，比如握手方式、力量、持续时间、热情度、握手的完整程度和眼神接触。这些维度之间高度相关，共同构成了所谓"坚定有力的握手"。结合性格问卷的结果发现，握手更有力、时间更长的测试对象更外向，更乐于体验不同经历，也不那么害羞和神经质。

握手的作用不仅仅体现在面试中。在一项有趣的研究中，研究人员进行了一系列测试来检验握手对交易决策的影响。他们发现，在谈判开始时握手会增加合作行为，并影响谈判结果。在一项研究中，来自两个谈判课程的大学生们与随机分配的搭档配对，就工作机会的细节进行谈判。一名学生扮演老板，另一名扮演求职者。双方必须决定三件事——薪水、工作起始日期、求职者的办公地点，并且必须达成一致。最后，学生们被问及在谈判开始时是否握了手，结果发现，握了手的组合可以更好地达成一致意见。

在另一项研究中，测试对象组合也进行了类似的谈判，只是这次并不是由他们自己选择是否握手。一半的组合被要求在谈判前握手，另一半则不握手。同样，握手的人比不握手的人达成了更多的一致意见，在谈判过程中也更开放。握手似乎是合作的信号，从而影响谈判的过程和结果。

在另一项名为“人机交互中握手的力量”的有趣研究中，研究人员设计了一个可以握手的机器人。每个测试对象都被介绍给机器人，机器人可以选择握手或者不握手，然后测试对象和机器人共同完成一项任务。在任务的某个阶段，机器人需要搭档的帮助通过障碍。结果显示，与机器人握手的测试对象更愿意帮助机器人并消除障碍。

还有两项研究调查了握手对双方的影响，由第三方观察者感知和判断。在第一项研究中，研究人员要求测试对象观察在商业环境中第一次会面的一对动画人物的视频，两人分别是“主人”和“客人”。在一些互动情景中，主人表现出鼓励和邀请行为（趋向行为），具体来说，主人微笑着张开双臂迎向客人。在另一些互动中，主人表现出令人沮丧的行为（回避行为）：主人会走开，交叉双臂，面无笑容。有一半的时间主人会主动握手，而另一半则不会。测试对象就主人的可信度和对经营的兴趣进行打分。研究人员发现，在互动开始时简单的握手可以增强信任和继续合作的意愿，握手也可以减少回避行为的负面影响。研究者仅对握手这一单一变量进行了操作，就足以证实其象征作用。

在随后的一项研究中，研究人员使用了同类型的模拟场景，但这次控制了动画视频中人物的种族和性别，并考虑了测试对象的种族和性别。他们发现，在评估互动时，高加索人比东亚人更看重握手的效果。这一结果可以由握手在北美比在东亚更为普遍来解释。研究人员还发现，对于男性测试对象来说，当主人是男性时，握手的正面效果比主人是女性时更明显。研究人员没有在女性测试对象中发现这一差异。

以上研究表明，握手会对第一印象产生影响，可以影响面试官的评价，也可以影响人际互动的结果。

有时，一个简单的握手会让我们对一个人的性格有完全不同的看法。2004年澳大利亚大选就是个著名的例子。工党领袖马克·莱瑟姆是该党战胜时任总理约翰·霍华德的最大希望。然而，在选举前一天，莱瑟姆和霍华德被拍到在悉尼的一个演播厅外握手。画面显示莱瑟姆把霍华德拉向自己的方向，这样莱瑟姆就能比他的对手高出不少。这段视频传到了媒体上，被广泛报道。莱瑟姆的握手被报道为“具有攻击性”“恃强凌弱”和“咄咄逼人”。自由党竞选主管布赖恩·洛克南表示，在竞选期间，这一事件激起的反响比其他任何事情都大，它“汇集了人们对马克·莱瑟姆的所有怀疑”。莱瑟姆对这一事件的影响毫不在乎，他说：“当然，我们站得很近，但除此之外，这只是个常规的握手，这件事消耗我们的选票是很愚蠢的——我的支持率在竞选投票的最后一晚飙升。”

握手吧

在参加求职面试之前，可以和朋友练习握手。要坚定用力，但又不要太用力。最好的做法就是以同样的力度回应你握住的那只手，这会在心理上产生一种共情。仔细倾听朋友的反馈。研究表明，你的握手会影响人们对你的判断和评价。虽然你无法改变自己的脸型和声音的高低，但握手技巧完全在你的掌控之中，因此可以在合作友好的基础上展开面试。

变色龙效应：无意识模仿

你有没有注意到和你说话的那个人在模仿你，你跷二郎腿的时候，他也跷二郎腿，你摸了一下自己的脸，他也这么做。除非太过明显，否则你可能不太会注意。然而，研究表明，人们经常无意识地模仿与他们互动的人的姿势、手势、面部表情和其他小动作，甚至会模仿到一模一样的程度。由于各种原因，模仿在社交场合中自然、自动和无意识地发生，在大约 30% 的互动中表现得很明显，这被称为变色龙效应——无意识地模仿他人。

像大多数人一样，我可能在无意识的情况下时常模仿他人的行为。当我了解这种现象及其后果后，我意识到在一些互动中自己的确是在模仿他人，而且有时候对方也会模仿我。我在现实生活与他人的互动和电视采访中，也观察到变色龙效应的存在。人们经常互相模仿，复制对方的姿势，比如跷二郎腿、摸脸，或者重复对方的话。

大约 20 年前，两位杰出的研究者率先调查了这一现象：约翰·巴奇现在是耶鲁大学著名的社会心理学教授，谭雅·查特朗现在是杜克大学的教授。他们在纽约大学任职期间共同进行了此项研究。实验中，两名测试对象需要共同完成一项任务，并且必须与对方互动，研究人员会仔细观察并记录他们的反应。其中一名实验测试对象实际上是团队中的研究助理，他要展示特定的行为和举止，比如点头或揉脸。记录结果清楚地表明，他们在无意识地模仿搭档。当研究助理摸脸或抖动腿部时，另一方也会这样做。

这种自动的、无意识的行为已被发现比想象中更能影响我们的判断和行为。模仿能增强好感、同理心和信任。例如，在巴奇和查特朗的研究中，一半的测试对象被研究助理模仿，另一半则没有。与没有被模仿的测试对象相比，被模仿的对象对其“搭档”好感度更高，认为两人的互动更流畅。另一项研究发现，当测试对象在虚拟现实中与电脑上的虚拟角色互动时，也有类似的结果。他们更喜欢会模仿自己动作行为的角色。

模仿行为能增强好感度，在某些情况下，可以转化为切实的奖励。点单时口头复述顾客点单内容的服务员会得到更多的小费。

模仿行为与归属感、同他人的联结也相关，当人们想要融入并与他人建立关系时，就会无意识地模仿对方。一项研究将测试对象分成两人一组：一人扮演求职者，一人扮演招聘者。在其中一个小组中，求职者被要求模仿招聘人员（而招聘人员并不知情）。在另外一个小组中，招聘人员被要求模仿应聘者。余下的那个组是对照组，没有对模仿行为做出要求。在有模仿行为的两组中，记录到的融洽程度明显更高，招聘方对应聘者的好感度也更高。这些结果对求职面试有直接意义。面试官通常很早就会做出判断，并凭直觉判断这位求职者是否讨人喜欢、值得信赖。

有时我们并不想加强好感度和关系的亲密性，因为这可能会影响其他现有的关系。与单身人士相比，亲密关系中的男性和女性更少去模仿有吸引力的异性。恋爱中的人似乎为了保护他们的亲密关系，自觉地不去模仿有魅力的人，与其保持一定的距离。

如果模仿确实能够增强归属感和人际关系的联结，那么当我们感受到排斥、有更强烈的联结和归属需求时，就应该有更多的模仿行为。但是我们如何在实验室里制造一个排斥的情境呢？研究人员经常使用基普·威廉姆斯开发的一个在线游戏，他是一位特别关注排斥影响的社会心理学家。

一天，威廉姆斯在公园被一个飞盘击中了后背。扔飞盘的那两个人看着他，希望他把飞盘扔回给他们。令他吃惊的是，他把飞盘扔回去后，他们又扔了过来。他走近他们，站成一个三角形，开始玩起了飞盘游戏。几分钟后，那两人就不再把飞盘扔给他了。威廉姆斯说，他惊讶于这种排斥竟让他感觉如此糟糕。这让他想到在实验室里创造一个类似的情境。他先是设计了一个面对面的投球游戏，后来开发了一个虚拟的投球游戏。

在这个游戏中，测试对象认为自己正在和另外两个玩家玩一场虚拟的投球游戏，但实际上没有其他玩家，计算机程序控制着抛球。实验者决定将球抛给测试对象的次数，从而制造一个排斥或融入的情境。研究表明，当测试对象一开始接到几次球，后被排除在游戏之外时，他们会感觉很糟糕，他们的归属感受到了威胁。这个游戏已经被用于 100 多个关于排斥的研究。

研究人员更进一步研究了投球游戏，他们想看看被排斥的人是否会因为需要归属感而表现出更多的模仿行为。在这项研究中，男女测试对象都在玩电子球，他们认为自己是在和另外两名玩家一起玩。在融入情境中，他们接到球的频率和“其他玩家”一样。在排斥情境中，他们在游戏开始时接到几次球，然后就徒劳地等待“其他玩家”把球抛给他们。然后，在被测试对象认为无关的另一个实验中，他们要向另一名测试对象描述几张照片，而这名测试对象实际上是研究小组的研究助理。这名研究助理在互动过程中不断抖动自己的腿部。与其他测试对象相比，在游戏中被排斥的人模仿了研究助理抖动的行为。这些发现表明，当人们感到被排斥时，他们会想要与接下来和他们互动的人建立联结和归属感，并在互动中表现出这种自动和无意识的模仿行为。

在第二个实验中，研究人员想要检验模仿是否具有选择性，以及被排斥在自己的社交圈之外是否会影响我们的模仿倾向。为了研究这个问题，他们制造了一个女性受到排斥的情境——要么被其他女性（自身群体内部的成员）排斥，要么被男性（非自身群体的成员）排斥。与第一个实验类似，研究人员用电子投球游戏制造了排斥和融入的场景，但这一次，测试对象（都是女性）被告知了另外两个“玩家”的性别。游戏结束后，这些女性与一名男性或女性研究助理进行互动交流。被其他女性所排斥且随后与女性研究助理互动的测试对象，表现出最大的模仿行为。也就是说，当人们被自己群体的成员排斥时，归属感会受到更大的威胁。因此，他们会模仿自身群体中的其他人，这是出于重获归属感的需要。

除了帮助我们获得与他人的联结，模仿行为还可以减少威胁感。荷兰的一项研究发现，在一组没有被模仿的测试对象身上，压力荷尔蒙水平上升；而对于另一组被模仿的测试对象，这一指标没有上升。换句话说，那些没有被模仿的人感到更有压力。

镜像模仿

面试时，或者与老板协商升职或加薪时，试着温和而微妙地模仿对方的动作，比如触摸自己的脸、伸伸腿等。悄悄地模仿对方，让对方增加对你的好感度，但不要模仿过头！后文我们会谈到，在不友好的情况下，镜像模仿实际上会引起冷漠和疏远的感觉。

模仿与说服力

模仿行为不仅能增加好感度、归属感和与他人的联结，还会增强说服力，影响客户的决策和行为。我们知道，销售人员的说话、微笑和倾听的方式都会影响我们的决定。但是你会相信销售人员仅仅模仿你的语言和非语言行为就能影响你的购买决定吗？一些研究已经发现了这一点。来自美国和荷兰的市场研究人员邀请一些学生参加了一项市场研究，向他们介绍一种新的运动饮料。在模仿组中，实验者模仿学生们的语言和非语言行为；而在控制组中，实验者没有模仿学生们。与控制组相比，那些被模仿的人更喜欢这种饮料，更愿意购买，并且认为这种饮料会在市场上获得成功。

另一项研究在一家实体商店进行。研究人员把注意力集中在那些对购买 MP3 播放器感兴趣的顾客身上，并要求该部门的四个销售人员模仿或不模仿顾客的语言和非语言行为。被推销员模仿的顾客更有可能购买 MP3 播放器，并且对推销员和商店的好评也更多。

模仿与助人行为

一系列研究表明，模仿行为也会增强人们帮助他人的意愿。在一项研究中，研究人员询问测试对象对几则广告的看法，而测试对象并不知道这并不是实验的真正目的。在与测试对象交谈时，研究人员模仿了其中一半的测试对象，包括他们的手势和身体姿势。然后，研究人员“不小心”把六支笔掉在了地上。被模仿的测试对象更愿意帮忙，弯腰捡起笔。在一个类似的、有趣的实验中，被模仿的测试对象帮助另一个实验研究员从地上捡起笔，而这个研究员并不是模仿他们的人。

在另一个实验中，测试对象被问及他们对各种广告的看法，很像“掉笔”实验：研究人员模仿了一半的测试对象，把腿、胳膊和身体的位置调整得和对方一样（如身体前倾或坐直）。然后，他们邀请测试对象向某个慈善机构捐款。结果令人惊讶：被模仿的测试对象中 76% 的人捐了款，而没有被模仿的测试对象捐款的比例为 43%。

综上所述，这些研究发现有力地表明，模仿行为会在不知不觉中影响我们的决策和判断，对别人如何评价我们也会产生有利影响。这样看来，模仿在各种需要与他人建立良好关系的互动中都是能够产生作用的，比如工作面试、讨论小组、合作解决问题、决定是否进行一个新项目或投资等。人们喜欢那些模仿自己的人，感觉和他们更亲近，也会给他们更多积极的评价。下次与同事或主管讨论你的想法、晋升或薪水时，请记住这一点。试着模仿与你互动的人，但要用一种非常柔和的方式。例如，如果对方坐直身体，试着做同样的动作，如果对方交叠他的手或腿，你也这样做。当被问到一个问题时，你可以在回答中重复一些对方问题中的词，但不要太夸张，小心不要做得过头——在某些情况下模仿可能会适得其反。

变色龙效应的反面

有人可能会问：如果模仿能建立融洽的人际关系，那么在社交场合有意识地利用模仿行为的作用不是很好吗？答案有些复杂。模仿是一把“双刃剑”——在某些情况下有效，在另一些情况下则有害。

模仿的影响取决于具体的社交场景是友好的场合还是正式的

场合。为了探究这个问题，研究人员指导一位女性实验人员，让她用以下两种方式中迎接测试对象：友好、非正式的方式，以及礼貌但非常专业的方式，这位实验人员并不知道该实验的研究假设。通过这两种问候方式中微妙的暗示，前者表达了与测试对象建立联结的愿望，后者仅仅关注以正确的方式进行实验。在与每一位测试对象的互动中，她都保持着同一种态度。在这两种情况下，实验人员要么模仿测试对象的姿势、手势和非语言行为，要么不模仿。她的模仿动作不明显，而且故意做得不那么精确（延迟 2 ~ 4 秒），以免被对方察觉到。

随后，测试对象会被问及身体的感觉是冷还是暖。与实验人员进行友好、非正式交流的那一组反映，没有被模仿的测试对象比被模仿的感觉冷。相反，与实验人员进行正式、专业互动的测试对象则呈现相反的模式——被模仿的测试对象感觉更冷，没有被模仿的感觉更温暖。所以，当人们在特定的互动场景中面对过多的模仿行为时，实际上身体会感觉更冷，这取决于互动风格是亲和型还是非亲和型。我们在这里得到的结论是：如果模仿行为发生在一个明显非亲和型的社交场景中，它可能会引起怀疑和尴尬。因此，如果你想在工作场合有意识地模仿某人来建立融洽的关系，你必须搞清楚时机是否合适，也就是说，在不太正式的场景中才有效。

研究还发现，第三方观察者在旁观面试时会根据模仿行为对求职者做出判断。模仿严肃的面试官的人被认为比那些没有模仿行为的人能力差，但当面试官很友好时，情况就不一样了。

来自美国和荷兰的研究人员，包括谭雅·查特朗和约翰·巴奇，已经证明不恰当的模仿会发出某种事情“不对劲”的信号。当某个人或某种情况让人感到不舒服时，我们可能会感到一阵突如其来的寒意，或者起鸡皮疙瘩。即便如此，人们可能也不会清楚地意识到为什么对方会让自己有那样的感觉，因为当下的互动本身可能是非常礼貌的、平常的，甚至是令人愉快的，只是有些不和谐的信号让人感到一丝寒意。

当模仿行为发生在错误的社交场景中时，也会对我们的工作表现产生负面影响。例如，在一项研究中，测试对象被随机分为两组，每组两人，其中一名测试对象会被研究助手（假扮成另一名实验中的测试对象）模仿或不被模仿。他们将共同完成一项需要专注的任务，并被告知随机指定为领导或员工，这样做是为了控制两人之间的权力关系。研究结果很有趣，那些被任命为领导的人里，被模仿的人比没有被模仿的人能更好地完成任务。相反，被指定为员工角色的人里，没有被模仿的人表现得更好。

要理解这些实验结果，可以想想我们的社会规范：通常情况下，员工会模仿领导，但领导不会模仿员工。也就是说当模仿行为符合社会规范时是有益的，而当其违反社会规范时则会产生负面影响。

亲和力对于职场的成功非常重要，尤其对于处于初级职位渴望晋升的年轻人来说。不妨在你的职场交流中多多发现模仿行为。

如果你注意到另一个人在模仿你的手势，或重复你的话，可能是对方对你有好感，想要和你建立联系的信号。另外，坚定有力的握手被认为是事业成功的关键。

尤其是对个人而言，非语言交流与我们的对话交流一样重要，要多关注你发送和接收的这些信号。

第六章
愤怒情绪有助于你的谈判?

永远不要因为恐惧而谈判，也永远不要惧怕谈判。

——约翰·肯尼迪

前一章我们谈到微妙因素和非语言交流是如何影响社交互动的，如握手和模仿。本章我们将集中讨论协商谈判和赠送礼物。我们经常就工作条款、加薪、重大商业交易等内容进行谈判。在这些时刻，我们需要用到能用的一切工具，即使有些看起来微不足道。当所有的条件都平等的时候，微小的差异也会发挥巨大的作用，使天平向你倾斜。

我们还将讨论一种相当常见的雇主与雇员之间的互动，即赠送节日礼物或其他类似形式的认可表达。这里也有一些微妙的因素，通过一些简单的操作就可以最大限度地提高员工的满意度和生产力。

情绪表达与谈判

在个人生活中，我们一直在协商和谈判——与爱人、孩子、父母、朋友。我们和孩子约定晚上的回家时间，和家人商量家务分工等。我们在购买或出售商品时也会进行谈判，尤其是像房子或汽车这样的高价商品。我们也经常在工作中就工资、合同、晋升、贷款条款、并购以及其他重要的商业交易进行谈判。

因此，我们自然想了解哪些因素能促使我们在谈判中获得优势。关于如何成功谈判的书籍和文章提供了很多好的策略，包括对方的需求如何得以满足、顶住时间压力、提前做足功课、准备好离场等。而且，各种科学研究也提供了一些新策略，帮你在下一场关键的谈判获得最好的结果。

在过去的十年间，研究人员不仅关注谈判中的某些行为，还关注情绪。曾经，标准的观念是谈判中不流露情感，保持一副扑克脸。然而，越来越多的实证表明，在某些情况下，表达情绪（失望、悲伤、嫉妒、快乐和兴奋，尤其是愤怒）是一种有效的谈判策略。

直觉似乎告诉我们，与消极情绪相比，积极的情绪和表达更能在谈判中帮助我们得到好的结果。但事实一直是这样的吗？在谈判领域的权威专家雪莉·科佩尔曼的带领下，一组研究人员进行了三项实验，研究了策略性地表达情绪对谈判结果的影响。在第一项实验中，他们把学生们分为积极、消极和中性三种情绪状态，并对学生们进行了一些培训，指导积极情绪状态组在讨价还价时展现出积极情绪，避免敌意，并努力让对方感觉良好；消极情绪组在讨价还价过程中要坚决不松口，而且态度强硬；中性状态组则要逻辑思辨，保持理性，控制自己的情绪。

接受了一定的训练后，每两名学生组成一对搭档，并在模拟场景中扮演特定的角色，模拟开发商和承包商之间关于项目成本的争论。他们被告知，如果争端得以解决，就能够在未来的其他项目上合作，否则承包商就会破产，未来也就没有合作机会了。互相介绍后，学生们进行了一小时的谈判。研究结果清楚地表明，与另外两组相比，运用积极情绪策略的人最有可能保证长期的业务合作关系。这并没有什么可惊喜的。

研究人员随后测试了在另一谈判情境中表现积极情绪的有效性，即最后通牒。最后通牒是指谈判一方说了诸如“这是我的最终报价，要么接受要么放弃”这样的话。

开始时，测试对象被要求扮演一个即将结婚的人，要会见婚礼的酒席承办商。测试对象被告知，承办商之前给他们的餐饮服务报价是 1.4 万美元。接着研究人员给他们看了一段视频，视频中承办商以“要么接受要么放弃”的态度将价格从 1.4 万美元提高到 16 995 美元，并声称另一对夫妇有兴趣雇他在同一日期和时间段举办婚礼。这位承办商把合同往前一推，说你必须立即决定是否签署。研究人员分别拍摄了三段视频，供不同组别的测试对象观看。在每段视频中，承办商给出的最终报价都是相同的，但他传达此信息的情绪不同，通过语调和面部表情来表达积极、消极或中性的情绪。在积极情绪的视频中，这位业务经理以友好和愉快的语气说话，伴随着微笑。在消极情绪的视频中，业务经理展现出威吓和敌对的情绪。在第三个视频中，业务经理说话语调单一，没有表现出任何情绪。观看视频后，研究人员会给测试对象一份报价 16 995 美元的合同，让他们决定是否签署。当承办商展现负面情绪时，接受报价的测试对象要少于使用正面或中性情绪的情况，这并不出乎意料——在“要么接受要么放弃”的情境中，不建议表现出消极情绪。

在第三项实验中，测试对象观看了与前一个实验相同的视频。这一次，允许他们提出还价，而不是立即接受或拒绝承办商的出价。承办商的消极情绪再一次导致了糟糕的结果：消极情绪很容易令人愤怒，测试对象会用比最初报价更低的还价予以回击。

综上所述，这些实验结果表明，你的期待是正确的：展示积极的情绪，传达友善和微笑，对于在纠纷谈判或最后通牒中达成协议是最有效的。这一切似乎都合乎逻辑，建立积极的氛围非常有益。

消极的情绪，如愤怒和失望则会导致谈判出问题。你的谈判伙伴可能提出一个令人恼火的提议或要求，直接拒绝了你的“合理”提议，或者说一些激怒你的话。谈判桌另一端的人固执己见，不肯让步，也不愿被说服。你感到强烈的愤怒和挫折感。问题是，你应该将这样的情绪表现出来还是隐藏起来？冷静地看，哪一种做法对你更有利？

研究告诉我们，答案只能是：视情况而定。令人惊讶的是，在某些情况下，表现出消极情绪在谈判中会更有效，更能使对方让步，达成更好的结果。

正如亚里士多德在2000多年前所说："任何人都可以发怒，这很容易；但对正确的人，在正确的时间，出于正确的目的，以合理的程度和方式发怒，就不是一件容易的事了，这不是每个人都能做到的。"

那么，当一个人在谈判中表现出愤怒时会有怎样的后果呢？研究表明，一方表现出的情绪会引起另一方类似或互补的情绪。例如，如果一个人生气了，那么对方可能也会生气，这就是所谓的情感相互作用。另外，情绪可能引发与其互补的情绪，例如愤怒引起对方的恐惧。

愤怒引发相似还是互补的情绪反应，可能会决定谈判的结果。如果愤怒情绪引发对方一样的情绪，紧张感和火药味就会加剧，气氛就很难缓和下来。还有另一种可能，如果愤怒情绪引起了另一方的恐惧，很有可能会使其让步。所以，表现出愤怒会引起对方的恐惧和退让，但也会招致愤怒的还击，其决定因素是谈判各方的实力。谈判中的"实力"来源于你有多少选择来得到你想要的东西。例如，如果一名销售员迫切需要完成一单生意（因为没有其他买家），他便没有太多"实力"可言。这位销售员自然就受制于对方的愤怒，容易做出让步。如果这位销售员敢在谈判中生气，对方多半也会发怒（对方会从销售员的肢体语言、语言细节和其他暗示中发现其弱点）。反过来，如果一位销售员有足够多的来自各个公司的报价，便会觉得自己很强大，而且几乎不会屈服于对方的愤怒情绪。在这种情况下，客户表现出愤怒只会引起这位销售员的敌对反应，他坚决不会退让。

埃塞克高等商学院的马尔万·辛瑟尔和斯坦福大学的拉里萨·蒂登斯进行了几项实验，研究谈判中的此方面因素。他们让 157 名学生想象自己受雇于一家销售技术设备的公司，正在与一位潜在客户就保修条款进行谈判。学生们被分为两组，一组手中有很多可供选择的办法，另一组只有很少的选择。“别无选择”组的学生被告知，现在公司经营环境不好，如果这笔交易失败，将很难找到其他机会。“很多选择”组的学生则被告知，目前公司运转良好，还有其他买家。研究人员向所有学生展示了谈判双方的对话，并要求他们表明是否同意谈判达成的各种条款。“很多选择”组和“别无选择”组分别有一半学生在谈判时，对方表现出愤怒的语气；每个组的另一半学生则面对的是没有愤怒的语气。

研究表明，与面对中性情绪的客户相比，“别无选择”组的学生在愤怒的客户面前做出了更多的让步。当他们有“很多选择”时，即当他们是更具实力的谈判者时，愤怒与否都不会对其产生影响。因此，拥有更多选项的实力谈判者基本对愤怒情绪免疫，更不会轻易做出让步。相比之下，害怕协商失败的谈判者自然会容易受到愤怒情绪的影响而做出退让。

利用好你的愤怒

下次在谈判的时候，先思考一下哪一方更有实力。如果你是拥有更高权力的一方，且在谈判过程中对方让你感到气愤，那就表达你的愤怒，这可能会帮你达成更好的结果。如果你实力较弱，那别无选择，只能隐藏你的愤怒情绪，因为表现出愤怒情绪只会破坏谈判的结局。

愤怒的对象：对人还是对事？

如果愤怒在谈判过程中爆发，它可以指向谈判对手或谈判内容本身。荷兰莱顿大学和蒂尔堡大学的研究人员进行了一项研究，试图回答一个问题：愤怒指向的对象在促使对方让步方面是否起作用？在实验中，研究人员让测试对象扮演手机推销员的角色，与潜在买家就手机的价格和保修期进行几轮谈判。测试对象以为买家在另一个房间里，但实际上他们面对的是电脑程序给出的各种报价——为了消除由于肢体语言、语调等因素产生的干扰性偏见。在谈判的某些时刻，测试对象被告知“买家”的想法和情绪反应，包括两种消极情绪——愤怒和失望。一半的测试对象接收到的情绪针对谈判内容（例如，“这个提议让我很生气”，或者“这个提议让我很失望”），而另一半接收的情绪针对的是人（例如，“这个人让我很生气”，或者“这个人真让我失望”）。

实验表明，让你产生愤怒情绪的是谈判内容而不是人时，会增加对方对条款的同意程度，因为他们害怕搞砸这笔交易。然而，当愤怒指向人时，只会让对方的态度更加强硬，更不愿意接受提议。与此不同的是，当表达失望的对象是人的时候，更容易达成一致。研究人员推断，这种个人失望情绪的表达会让对方因为没有满足“合理的”期望而产生内疚感，从而导致立场的动摇和更多的让步。

好好谈谈，还是一拍两散?

在谈判时，如果你真的生气了，不要把气出在对方身上！对谈判内容本身表达你的愤怒，会有更好的结果。你可以说对方的提议让你失望或生气，但不要说对方这个人让你生气。

做好预案

有时角色会调转，我们成了让对方愤怒或失望的对象。更糟糕的是，谈判中我们是实力较弱的一方，该怎么办呢?

德国萨尔兰大学的研究人员进行了一项有趣的研究，如果谈判时你事先确定目标和一个“如果——那么”的计划预案，当你面对表达愤怒的对手时，就不会做出那么大的让步。有一个目标很重要，但这往往还不够，你必须知道如何实现它，“如果——那么”预案就是告诉我们如何推进并实现我们的目标。

例如，开始谈判时你的总体目标可能是保持冷静、不被对手打乱阵脚。但作为人类，当我们的底线被触及，尤其是对方来者不善时，我们的镇定会以惊人的速度瓦解，我们会立即用恐惧和焦虑不安来回应愤怒，或者用同样的愤怒来回击和报复。换句话说，我们不再冷静，脱离了我们的逻辑自我。“如果——那么”预案能够很好地缓冲情绪，告诉你在特定的情况下应该怎么做。

在萨尔兰大学研究人员的实验中，94 名学生被告知他们是智能手机的买家，正在与卖家就价格、保修期和下载积分进行谈判，而实际上他们的谈判对象是电脑程序。在六轮谈判中，买家（测试对象）和“卖家”（计算机）通过短信进行报价和还价。实验中有三种愤怒状态和一个对照组，在三个愤怒状态组中，“对手”都会发送这样的信息：“你的提议让我很愤怒！要么你认真点给出更好的条款，要么我们就结束谈判，都别想着得到好处。”第一个愤怒状态组的测试对象事先未被告知任何目标信息；第二组“带有目标”，他们被要求带着一个总体目标去谈判，具体来说就是“我将坚持不懈地、沉着冷静地谈判，不受对手的影响”；在第三个愤怒状态组中，有“目标和预案”，他们的目标和第二组一样，并且制订了“如果——那么”预案来实现这个目标。这时，目标被细化为：“如果我的对手开始提出要求或者生气了，我会提醒自己，他需要依赖我才能赚钱，正如我也得依靠他一样，而且我要坚持我的提议。”换句话说，“如果——那么”预案为测试对象提供了一个实现目标的简单方案，始终关注这样一个事实——对手需要你，就像你需要他一样。

与其他研究相似，面对愤怒和气势汹汹的对手，在没有准备的情况下，你会做出更多的让步，接受卖方的条件。“如果——

那么”预案在面对愤怒时的有效性是不可否认的，事实上，在“如果——那么”预案指导下的测试对象取得了与控制组（没有愤怒情绪的表达）相似的理想结果。关键是“如果——那么”预案组的测试对象能够控制自己的情绪，冷静地朝他们的目标推进。

一般来说，“如果——那么”预案是谈判的重要工具，即使谈判中并没有愤怒的情绪。重要的是，它可以减轻你处于不利地位时的脆弱性。

同组的研究人员进行了更多的实验来检验“如果——那么”预案对弱实力谈判者的影响。正如我们所看到的，当你处于较弱的位置时，你可能做出更多让步，在薪资谈判及买卖交易中都是如此。例如就薪资进行谈判时，如果你很明确自己可以给公司贡献价值，你就是实力强的一方；如果你和你的老板都心知肚明还有其他人可以代替你，你便处于弱势。研究人员发现，有“如果——那么”预案的谈判者，比没有预案或目标的对照组取得了更多的成果。

研究人员在此基础上进一步展开他们的研究，提出这样一个问题：与实力强的谈判者相比，预案是否能改善实力弱的谈判者的劣势地位。测试对象被要求扮演求职者，与雇主就薪水、假期和工作时长进行谈判，他们坐在电脑屏幕前，被告知实验中的“雇主”在另一个房间。同样，为了消除干扰性偏见，“雇主”实际上是电脑程序。这次，测试对象被分为四组：（1）实力强；（2）实力弱；（3）实力弱且制订了目标；（4）实力弱且制订了预案。

实力弱和实力强是由多个因素决定的。被选为弱实力组的测试对象要想象自己是只有很少选择空间的求职者。此外，他们被要求谈判的时候要把手放在大腿下，双腿并拢地坐着。以前的研究已经证明了这种坐姿会减少权力感。与之相反，强实力组的测试对象要想象他们有很多选择，同时可以伸展双腿，交叉双手放在脑后，这种姿势与较高的权力相关。为了强化弱实力谈判者的弱势地位，“雇主”会提醒他们市场竞争激烈，并在谈判过程中收到短信说这个职位还有其他人选。

研究结果很清楚。弱实力组的测试对象接受的招聘条款比强实力组要低。这并不奇怪，因为当我们知道自己只有很少或没有其他选择时，我们就会接受不那么令人心动的条件。另外，谈判中有目标或预案的弱实力测试对象比没有目标或预案的弱实力者得到的招聘条款明显更好。令人惊讶的是，制订了预案的弱实力谈判者最终得到了与强实力谈判者不相上下的最终条款。

有备无患

在开始谈判之前，一定要制订一个“如果——那么”预案。提前想好如何回应对方的某项提议，如果对方表达愤怒该怎么做，以及其他可能的情况。这样做，你会感觉准备更充分，更有安全感——这是一种很好的谈判心态，也是一种策略，会积极地影响你的行为举止和感知到的力量。

愤怒总是真实的吗?

几年前，我在大学的一个委员会任职。我们的会议气氛通常是，有各种意见和分歧，甚至争吵。我记得委员会的一位教授会用非常大的声音和激烈的方式表达他的愤怒，包括用拳头砸桌子。据说他在成为教授之前，是一名小有抱负的演员。这使得委员会的其他成员认为他的愤怒并不真实，结果，这也让他失去了威信。我们认为这位教授是在假装愤怒，于是就不会再被他的怒火所吓倒。

有时人们假装生气是为了在谈判中更好地实现目的。问题是，假装的愤怒能达到同真正的愤怒一样的效果吗？多伦多大学著名的情绪研究专家斯蒂芬·科特，带领研究人员与阿姆斯特丹大学的教授们一起，进行了几项实验，比较表演出的愤怒与中性情绪或真正愤怒的效果。

其中一项实验里，140 名大学生观看了一段 90 秒的视频，内容是一位“学生”对一个二手车广告做出的反应。在表达了对这辆车的担忧之后，这位“学生”表示，他不会支付 3500 美元的要价，并且还价到 2400 美元。三分之一的学生观看的视频版本中，买家没有表现出任何情绪；还有三分之一的学生在视频中，看到买家以有些夸张的方式假装生气，瞪大眼睛看着对方，紧咬着嘴唇；剩下三分之一的学生看到的版本中，买家有强烈的愤怒感（通过表演训练，他被要求回忆一个现实生活中让他感到愤怒的事件，并将这种强烈的情绪引入表演）。之后参与实验的学生们评估了这位买家的愤怒程度和真实性，并且根据他的还价给出一个报价。

研究结果表明，假装愤怒会产生相反的效果。那些看到假装生气视频的学生，给出了比其他学生更高的报价。显然，谈判者能够看穿虚假的情感表达，从而对谈判对象的善意和诚信失去信任。作为回应，他们会提出更苛刻的要求。相比之下，看到买家真实愤怒情绪的学生会认为他是一个更强硬的谈判者，并在三组中报价最低。所以，真实的愤怒有一种令人生畏的效果，而假装的愤怒则令人反感、适得其反。

愤怒有度

在谈判中表达愤怒，应该把这个“度”调到多高？应该适度地表达愤怒，还是愤慨激昂，比如用大喊大叫、拳头砸桌子或其他激烈的方式表达愤怒？这两种方式的效果有什么区别？研究人员就此进行了实验，得出的结论是：在其他条件相同的情况下，在谈判中温和地表达愤怒比完全没有愤怒情绪更有效。高强度的愤怒是无效的，获得对方的让步少于中强度的愤怒。研究人员认为，在商务谈判中表现出极端的愤怒会被认为是不恰当的，从而降低发怒者在谈判中的地位和效力。

失态就输了

正如我们所讨论的，如果你在谈判中真的很生气，在某些情况

下表达愤怒是有利的。但永远不要大喊大叫甚至失态！这样做只会降低你的地位，减少你谈判的砝码。用语言表达对具体谈判内容条款的愤怒，而不要针对人。

威胁

愤怒传达了一种隐含的威胁，但也并不完全如此。虽然你可以公开表示你很生气或用非语言交流来表达愤怒，但也可以通过简单地说出“如果提议不被接受，我打算采取什么行动”来表达威胁。研究人员进行了几项实验，以检验表达愤怒和威胁哪个在谈判中更有效。他们将包含愤怒声明（如“我真的很生气，这很让我伤脑筋”）的谈判与发出威胁声明（如“如果你不认真修改你的提议，就要承担后果，你决定吧”）的谈判进行了比较。研究发现，冷静地表达威胁，比愤怒更有效。换句话说，一个没有表现出极端情绪的冷静的谈判者理性地传达出威胁，会比一个愤怒的谈判者更有效。

性别与情绪

愤怒情绪是否对谈判有效也取决于其表达主体是男性还是女性。根据社会角色理论，男性和女性在日常行为中，被要求符合角色分工。任何违反常规角色的行为都会受到“制裁”。虽然女性被认为比男性更情绪化，但她们也被要求和蔼可亲，克制公开表达愤怒。事实上，愤怒是人们认为男性比女性更常表达的几种少数情绪之一。许多研究表明，偏离性别角色期望的女性会引起负面反应和评价，而且在人们看来，男性和女性所表达的愤怒是不同的。

耶鲁大学和美国西北大学的研究人员进行了一系列研究，调查男性和女性表达愤怒与其职业地位、薪水和能力之间的关系。男性和女性测试对象都将观看一些视频，视频中的专业男、女演员扮演求职面试者，这些“面试者”要么是低级别的见习助理，要么是高级别的 CEO。在愤怒情境的视频中，面试者在回答某个问题时表现出适度的愤怒。在中性情绪情境的视频中，面试者不表达任何情绪。每个测试对象观看一位面试者，然后回答应该给其的职位和薪水问题，并对面试者的能力进行评级。研究结果令人非常惊讶：当女性表达愤怒时，不论她们职位级别高低，她们被给予的职业地位都很低。相比之下，给予男性的职业地位仅仅基于他们的级别，而不受愤怒表达的影响。在薪酬方面，无论级别如何，相较于愤怒的女性面试者，测试对象都愿意支付更多的薪酬给不表达情绪的女性面试者。同样，愤怒的表达并不影响测试对象愿意给男性面试者的薪水。此外，测试对象认为愤怒的女性 CEO 的能力明显低于其他所有面试者。

研究人员认为，当人们看到女性表现出愤怒（行为不符合性别期待）时，他们会将愤怒情绪归因于内在，比如她们的性格。

相反，男人的愤怒被认为是与具体情况相关的，是外部原因的结果。因此，当女性在人际互动中表达愤怒时，可能意味着缺乏自制力，进而说明她不适合担任高层职位。

亚利桑那州立大学的杰西卡·萨勒莫主持的两项研究也发现了类似的结果。一项研究表明，在小组讨论（模拟陪审团）中表达愤怒的女性失去了对其他人的影响力，而表达愤怒的男性则获得了更大的影响力。在另一项研究中，萨勒莫的团队调查了男性和女性律师在法庭上表达愤怒是如何影响评估者的。测试对象观看一名律师以愤怒或中性的语气进行庭上总结陈词，然后被问及是否会雇用这位律师，以及对其的印象如何。结果显示，与没有表达愤怒的女性律师相比，测试对象给表达愤怒的女性律师打分较低。与此相反，他们认为表达愤怒的男性律师比没有表达愤怒的男性律师更优秀。他们用愤怒的积极方面——比如权力和信念，来证明雇用愤怒的男性律师是明智的；用愤怒的消极方面——比如令人厌恶，来证明其不愿雇用愤怒的女性律师的合理性。要知道，所有测试对象听到的是同样的结案陈词，然而在表达同样的情绪时，女性输了，男性则得到了更多认可。

因此，在人们看来，女性的愤怒表达似乎是一种违反性别角色和期望的行为，她们会因此受到各种惩罚。表达愤怒的男人被认为符合他们的性别角色，因此不会被惩罚，有时甚至会受到赞扬。在谈判中表达愤怒时，要注意这一点。

谈判中的性别因素

当然，我们对性别角色的探讨并不局限于愤怒的表达。女性的性别特质包括随和、关心他人福祉、乐于助人、热情和善于人际沟通，男性性别特质包括野心、自信、竞争力和任务导向型行为等特征。事实上，在商务谈判中取得成功往往依赖于自信果断、雄心勃勃、争强好胜及以任务为导向的行为，而这些恰恰是与男性角色一致的特征。换句话说，谈判者的角色与女性性别角色不符，但与男性的性别角色是一致的。的确，自 20 世纪 80 年代角色理论首次提出以来，性别观念和期待已经发生了变化，如今越来越多的女性从事着曾经被认为属于男性领域的工作，并担任着管理职位。不幸的是，很多人仍然坚持这些过时的观念，认为女性不应该表现出自信和野心。我们有理由由此假设，女性在谈判中处于系统性和内在的劣势地位。事实上，许多研究都发现了这一点，并表明这种刻板印象是性别收入差距的一个影响因素。

来自德国的一组研究人员进行了一项荟萃分析，研究经济谈判结果中的性别差异。研究人员回顾了涉及 10 888 名测试对象的 51 项研究，发现男性在谈判中具有不可否认的优势。然而，这一荟萃分析发现，谈判中的性别差异受到谈判发生的背景和具体情况的影响。例如，在更符合女性角色的谈判中——当女性代表另一个人进行谈判时——男性的优势就会减少，甚至消失。研究人员还发现，当测试对象有现实生活中的谈判经验时，性别差异会减少，并因此建议女性比男性更应该接受谈判训练。

有几项研究针对的是一个具体问题：女性是否仅仅因为就工资、赔偿金或改善其工作状况和环境的其他资源（例如更多的空间、研究经费或秘书服务）要求进行谈判而受到惩罚？来自哈佛大学和卡耐基梅隆大学的一组研究人员进行了几项实验，研究对作为谈判发起者的男性和女性不同的评价。在一项实验中，测试对象扮演一家公司的高级经理，并被要求根据书面简历和面试记录对求职者进行评估。所有测试对象都拿到了相同的简历和记录，但其中一些人被告知他们的求职者是女性，另一些人被告知求职者是男性。一些人被告知求职者主动要求进行薪资谈判，而另一些人则没有被告知此信息。那些主动发起谈判的求职者得到的评价低于没有主动发起谈判的求职者，并且对女性的负面影响是男性的两倍。换句话说，女性求职者如果主动提出就薪酬问题进行谈判，会比男性求职者受到更大的惩罚。研究人员还发现，测试对象与主动发起谈判的求职者合作的意愿要低于与未主动发起谈判的求职者合作的意愿——只有在求职者是女性的情况下。

在另一项研究中，测试对象观看了求职者的视频（不是文字记录），这些求职者要么接受了雇主给出的薪酬，要么要求进行薪资谈判。研究发现，女性测试对象对要求谈判的男性和女性求职者都做出了惩罚。相比之下，男性测试对象对主动发起谈判的女性求职者的惩罚力度更大。因此，女性主动发起谈判会比男性受到更多惩罚。那么她们是否也比男性更少在工作中主动提出谈判呢？最近的一项荟萃分析研究了这个问题。研究人员回顾了

1977—2016 年的研究，发现与男性相比，女性的确更少主动发起谈判。然而，与上文中提到的荟萃分析研究类似，研究发现此问题中的性别差异取决于谈判的具体情况。当没有明确定义为谈判时，女性并不觉得她们必须完全遵循自己的性别角色，就更有可能发起谈判。同样，当情况更符合刻板的女性性别角色时，如合作多于竞争时，性别差异会减小。这些研究表明，总体而言，女性在经济谈判中处于不利地位，她们也比较少就薪资主动发起谈判。这种劣势进一步影响了女性获得更高工资和晋升的前景。

这当然不是说你不应该谈判——不主动谈判就会影响到你的收入。而且关于雇主对主动就薪资发起谈判的员工作何反应的科学研究，是我们应该了解的。

唯一鼓舞人心的是，研究人员发现，职场中的性别差异在逐年减少（1977—2016 年），希望这些差异最终会消失。

失望情绪

谈判中情绪的调色板并不局限于愤怒或正面情绪，前面我提到谈判者也可以表达失望。莱顿大学的格特·简·勒利费尔德教授主持了一项关于在谈判中表达失望的研究。教授和他的同事们猜测，在谈判中表达失望是否有效，取决于它是否会引发对方的内疚之情。如果成功地做到了这一点，那么表达失望将会让对方做出更多的让步和更慷慨的报价。相反，如果失望情绪暴露出自己的弱点，那么对方可能会利用这一点，给出更低的报价。

是否会引起内疚取决于我们与对方的关系，以及我们在多大程度上认同对方。若两个人有共同之处（关系很好，有共同的隶属关系和兴趣等），那么默契的“亲属关系”就会发挥作用。例如，假设一名员工向老板要求加薪，而老板给出一个比要求低得多的数字。如果双方关系良好，而员工表达出真正的失望之后，那么这很有可能会引起老板的内疚，从而提高涨薪金额。

勒利费尔德教授团队将参与实验的学生们分成两人一组的谈判小组。其中一半的学生被告知他们将与来自同一所大学的另一名学生配对为一组，而另一半则被告知会与来自另一所大学的学生配对。在上述两种情况下，测试对象都被告知了其谈判对象的身份，但并没有与之会面；他们以为谈判对象就坐在隔壁房间，实际上并没有。为了激发“互动”效果，测试对象被要求针对六个关于讨价还价的陈述，说明自己是否同意这些陈述，例如“在谈判中，我得到的结果很重要”，并被告知其观点将传达给另一方。不久之后，实验者向测试对象呈现“另一个学生”的反应，包括愤怒和失望两种。

研究结果表明，那些得到对方失望情绪反馈的测试对象，对非本校的学生不像对自己的校友那么慷慨。要知道，这里唯一的控制变量是共同的隶属关系，即谈判对象是否是自己的校友。研究人员总结了这一发现，得出结论：当谈判对象是团体内部成员，即来自同一所大学的学生表达失望时，会引起测试对象的愧疚感，从而获得更好的谈判结果。相反，当一名团体外部成员表达失望时，测试对象不太会产生内疚感，因此在谈判中让步也会更少。

我们已经探讨了情绪的表达如何影响员工与雇主、客户及团队成员之间的谈判。然而，雇主和员工之间还有另一种互动方式——赠送礼物以表示感谢——来提高工作满意度和工作效率。那么最好的礼物及赠送方式，甚至微妙的暗示（除价值外）是什么，才能保持员工的工作满意度、动力和感激之情呢？

心意最重要：礼物的激励性价值

当员工认为管理者关心他们时，会对组织更加忠诚，工作也更加高效。盖洛普在全球范围内对大量员工和管理者进行了调查，结果显示，那些认为管理者从人性的角度关心自己的员工，工作满意度更高、不会轻易辞职、更有动力去努力工作。送给员工合适的礼物是管理者表达关心的有力方式之一。所以，一个合理的问题是，公司应该送给员工什么样的礼物？

应该是实质性的礼品吗？员工可以保留的物品，比如咖啡杯或小玩意儿，还是一份体验式的礼物，比如旅行、音乐会或演出的门票？再深入一点，如果雇主最终决定送的是实物礼品，那应该是货币还是非货币礼物？在所有可能的礼物类型中，哪种礼物最能让员工感到被重视，从而更有动力地去努力工作从而回报公司？

德国进行了一项有趣的研究，在自然的工作环境中考察了不同类型的礼物（货币和非货币）与员工生产力之间的关系。首先，研究者们为图书馆招募了一些图书工作人员。这些工作人员的工作就是在电脑中将每本书的书名、作者、出版商和出版年份输入电子数据库。开始工作前，他们被告知会得到正常的工资，甚至一份额外的礼物（现金或一个保温杯）：其中一组员工被告知他们将收到 7 欧元的现金礼物，另一组被告知他们将得到一个包装精美的保温杯（同样价值 7 欧元），第三组没有收到任何礼物。研究统计了输入数据库的字符总数，作为量化的生产力指标。

那么你认为收到哪种礼物的员工生产力最高呢？如果让你在一笔钱和一件同等价值的礼物之间选择，会怎么选？从经济学理论的角度来看，理性而合理的选择是现金，因为用现金你可以买到完全一样的礼物，或者你喜欢的其他东西。然而，这项研究的结果是，得到现金的一组，他们的生产力只提高了 5%，而获得保温杯的一组比基线条件多录入了 25% 的字符数。我立刻想到了一个反对意见：会不会是员工们以为保温杯的价值超过 7 欧元？为了避免这个问题，研究人员在随后的实验中增加了另一个条件，即在瓶身贴上“7 欧元”的价格标签，与其他测试对象收到的货币价值完全相同。然而，即使增加了这一条件，得到保温杯的员工们输入的字符数还是增加了 21%。

接下来，研究人员调查了与等价现金相比，员工是否更喜欢非现金礼物（价值已知），尽管拿到现金可以让他们选择购买上千种其他产品（包括同样的礼物）。为了验证这一点，他们又增加了另一个条件，即给员工一个选择：得到 7 欧元的现金或价值 7 欧元的保温杯。有了这样的选择,超过 80% 的员工选择了现金！但这一次，令人惊讶的是，得到现金组的员工生产力跃升，比基线高出了 25%——比他们得到同样数量的钱，但没有礼物选择的情况下要高得多。这是怎么回事?

从上述结果中得到一个关键的洞见：对员工来说，重要的是雇主为找到合适的礼物所付出的努力。尽管大多数员工想要钱，但他们会感激雇主为一种可能对员工有用的物品投入的心血。员工们心怀感激，所以更加努力地工作。

为了进一步调查在礼物上投入的时间和精力是否真的重要，研究人员加入了一个“折纸”组。这组工作人员收到一件用 5 欧元钞票折成的折纸衬衫，还有一件粘在明信片上的 2 欧元硬币。这组员工相当于也得到和之前金额价值一样的 7 欧元礼物。然而，这次雇主明显对礼物投入了更多时间和精力，员工为他们的创意所感动，表现出了赞赏，并以更努力地工作作为回应——他们的生产力几乎提高了 30%！

据说古老的陈词滥调能够经久不衰是因为它们包含了真正的智慧。这些结果综合起来，确实表明“重要的是心意”。当员工相信雇主花了时间和精力来实实在在地表达其感激和赞赏之情时,他们就会予以回报,生产力也会提高。关心,或者关心的表达,真的很重要。

赠出礼物，收获更多

很难想象有人不喜欢收到钱作为礼物。但有一件事听起来可能有违直觉：能最大限度激励员工或团队成员的礼物不一定是货币性质的。一般来说，如果你送员工一份非货币的礼物，传达出你在他们身上投入了心思、时间和精力，他们会更开心、更有动力。这样的礼物传达出你关心并赞赏你的员工。如果你想激励你的同事、员工或团队成员，同时也为社会做些事情，那就给他们奖金，他们可以把钱捐给自己选择的慈善机构。这对他们的激励不亚于为他们自己赢得奖励，同时还可以创造给予他人的附加价值。每个人都是赢家——你、员工和我们的社会。请放心，你投入的心思和努力一定会在员工忠诚度、工作满意度和生产力方面得到最高的回报。

慈善

给员工钱，让他们再捐给他人，是不是也能提高员工的工作表现？最近的一项研究表明确实如此。两位英国研究人员调查了经济和社会激励对工作表现的影响。在他们的研究中，测试对象被要求录入学术出版物的计算机书目，包括作者姓名、标题、页码和出版年份。一组测试对象得到了传统的奖金，而另一组则得到了社会性奖励——把钱捐给他们自己选择的慈善机构。有趣的是，奖金和捐款都能提高工作表现，两者之间的差异并不显著。奖金能提高生产力不足为奇，然而，利他性质的激励措施，即向员工所看重的慈善机构捐款，也能够提高业绩，这让人感觉备受鼓舞，精神为之一振。雇主以员工的名义向他们看重的慈善机构捐款，似乎能在他们和员工心中引起崇高的共鸣。

酒杯还是品酒活动？物质型与体验式礼物

几年前，我女儿为我组织了一个很棒的生日聚会。我收到了一些非常漂亮的物质型礼物，如包、珠宝和衣服，至今仍然很喜欢。此外，我还收到两份不一样的礼物：一个朋友请我做了一天的水疗，包括精美的午餐，我们玩得很开心；另一个朋友给了我两张爱乐乐团的音乐会门票，我非常享受那场音乐盛宴。这就是体验式的礼物。

那么，哪种礼物让我们更快乐呢，酒杯还是品酒活动？某个乐队的演出门票或者他们的最新专辑？在过去的 15 年里，很多研究试图回答这个问题：物质型礼物和体验式礼物哪个让人们更快乐？其中许多研究是由著名社会心理学家、康奈尔大学教授托马斯·吉洛维奇主持的。大多数研究得出的结论是，体验式礼物会带来更大的满足感和幸福感。例如，在一项研究中，测试对象被要求在实物和社会体验中选择。他们明显更倾向于选择后者，说社会体验会让他们更快乐。另一项研究要求测试对象思考最近花费超过 100 美元的体验式或物质型消费，以及从中获得的享受程度。他们自述从体验式消费中获得了更大的享受。这些研究人员还进行了另一项研究，测试对象被要求回忆一项特定的物质型或体验式消费，并填写一份问卷来评估他们的情绪。当测试对象回忆起体验式消费时心情会更好。在一项类似的研究中，卡特和吉洛维奇教授要求测试对象回忆花费至少 50 美元的一次体验式或物质型消费。在购买时，两者的满意度没有差异。然而，过后人们对体验式消费更加满意。吉洛维奇教授和他的团队得出结论，与珠宝或电子产品等物质消费相比，体验式消费或礼物能带来更持久的快乐。我们经常会经历“购物后悔综合征”，但是我们会因为错过了一些经历而遗憾，比如一次没能成行的旅行，或者没有买票去看的演出。对经历的期待比等待购买的商品送达更能让人快乐和兴奋。

研究还表明，与多个测试对象共享体验式礼物可以改善人际关系。人际关系对公司的顺利运行至关重要，体验式礼物则是非常明智的选择。雇主应该偶尔以体验式礼物奖励员工，如让公司员工一起外出游玩、发大型演出的门票，或者在一个不错的度假胜地过周末。

显然，表达情绪在谈判中起着重要作用，其效果远远超出冷冰冰地讨价还价。谈判过程中的常见情绪会在很大程度上影响最终的谈判结果。本章我们回顾了一些重要的研究，告诉我们何时及如何表达情绪，才能最大化自己的谈判优势和结果。

正如我们所讨论的，当愤怒对你有利时，可以恰当地将它表达出来。然而，如果你在谈判中处于弱势地位，就一定要提前做好准备，制订一个“如果——那么”预案，这会让你谈判的底气更足，还能缓解焦虑，并在必要时给出明智、合理的还价或提议，而不是在关键时刻陷入鲁莽或本能反应的陷阱中。

在给员工选择礼物时，情感也发挥着作用。众所周知，奖金能提高员工的工作效率，且我们大多数人都渴望收到现金，但礼物背后的心意也很重要。在工作中，没有什么比因为我们个人的贡献而受到重视的感觉更能打动人了。从雇主的角度来看，最好也是最省钱的方法就是给礼物附上一张手写的便签，以表达对员工真诚的谢意和鼓励。对公司来说，快乐、动力十足、感觉自己受到赏识的员工是最有价值的资产。

在这一章中，我们探讨了一些具有挑战性的职场互动。现在，我们来看看在更棘手的情况下——当员工行为恶劣时——哪些微妙的力量能发挥作用。

第七章
焦虑情绪可能让你做出不道德行为?

> 招聘的时候，你要注意三种品质：正直、聪明和精力充沛。但如果他们没有第一种品质，剩下两个会让你头痛万分。
>
> ——沃伦·巴菲特

涉及职场不道德行为的案件都会成为重大新闻。回想一下安然公司的财务报表舞弊、富国银行的丑闻——未经银行客户的同意创建欺诈账户。这些故事之所以登上新闻并引起关注，是因为它们是发生在大公司的重大丑闻，其后果可能是震撼性的，比如安然的股东在股票暴跌后提起400亿美元的诉讼；在富国银行丑闻中，许多普通银行客户（就像我们大多数人一样）在不知情的情况下被偷走财产。这些诈骗案件让我们感到害怕，提醒我们在生活中很容易受到复杂形式的欺诈。但不道德行为的影响是双向的，受害的不仅是消费者，公司和组织也可能成为员工不诚信行为的受害者。即使不是那些登上报纸头条的重大案件，员工偷窃、偷工减料不负责任、不合规地缺勤等不道德行为，也会侵蚀公司利益，污染企业文化。

许多管理者和员工在工作中都有一些不良行为，但永远不会成为新闻。可能你的一个同事，一周中总会有几天趁老板不注意时迟到或者早退，把别人的功劳据为己有，对同事说谎，在上班时间上网“摸鱼”，填报销单据时加上个人支出，把公司的办公用品带回家，“生病”请假但实际上去了海滩或者看电影（我的一位朋友是一个大部门的经理，她告诉我，她每次走进办公室都看到她的秘书在玩游戏，而不是在工作）。这类不道德的行为在职场很常见，每年给企业造成数十亿美元的损失。

当然，有些人比较诚实，有更高的个人道德价值和标准，他们不那么自私、更有自制力。公司的企业文化和氛围也非常重要，强调道德而不是仅仅强调成功——作为公司最重要的原则之一——也可以影响员工的行为，并在员工心里树立标准。本章将探讨这些鲜为人知的因素，了解这些影响行为的可控情境因素，可以帮助管理者、主管、公司节约成本，并营造更好的职场氛围。

焦虑

约翰最近入职了一家大型广告代理公司，公司期待他能提出新颖有创意的想法。他经常压力重重，担心自己的广告创意不够好，怕丢掉工作。他的同事大卫就轻松多了，他没有像约翰那样倍感压力。他们都有机会做出不道德的行为，例如，把别人的创意占为已有，或者请病假。你认为约翰的焦虑感会导致他做出不道德的行为吗？

我们不知道约翰的具体情况，但研究表明焦虑的确与不道德的行为有关。

有没有可能你越是焦虑，行为就越不道德？美国西北大学的玛利亚姆·柯查基和北卡罗来纳大学的斯瑞达莉·德赛这两位专攻道德行为研究的教授关注了这个问题。他们进行了几项实验来检验感到威胁和焦虑的人是否会有更多的不道德行为。在第一个实验中，他们要求测试对象一边听音乐一边回答问题。一半测试对象听的是电影《惊魂记》的配乐，它已被证实会增加焦虑感；另一半听的是古典音乐——汉德尔的作品《空气》。听音乐的同时，他们被要求阅读各种不道德行为的场景描述。然后，他们要用 1 ~ 7 的量表为自己做出这种行为的可能性打分。例如，其中一个场景是这样的：一名员工独自在办公室，他想起家里的复印纸用完了，他是否会把纸带回家。研究结果表明，与听平静的古典音乐相比，听引起焦虑的音乐的测试对象更有可能做出不道德的行为。

在第二个实验中，研究人员检验了处于焦虑状态是否还会影响实际行为。研究人员向两组测试对象播放视频：其中一组观看了一段令人焦虑的登山事故的视频，另一组则观看了一段中性的关于鱼的视频。然后他们被要求完成一项简单的任务——判断屏幕的左边还是右边有更多的圆点，每答对一个问题就会得到一个相应的奖励。在测试对象不知情的情况下，实验设计使得他们有作弊的机会，并认为不会被察觉。结果显示处于焦虑状态的测试对象作弊行为更多。

在第三个实验中，测试对象再次被分为两组，一组处于极度焦虑状态，另一组处于中性状态。在焦虑状态下，他们被告知，一项研究发现许多常用品牌的牙膏含有高浓度的尼古丁。在中性状态下，他们被告知将有一个有助于该地区发展的公园。然后，他们被要求想象自己是山姆——刚刚受雇于一家著名的媒体公司，经过 9 周的试用期后即将转正。测试对象被告知山姆的老板要他写一份报告，这份报告会交给公司的董事长。老板要求山姆在报告中加入一场与另一家公司的会议，但会议实际上并未发生过，换句话说，老板让山姆撒谎。与中性状态组相比，焦虑组自述更有可能把编造的会议写进报告。

研究人员还在实际工作场所（不是实验室）进行了实地调查，他们要求员工说明自己在工作中的紧张和焦虑程度，并要求他们的上司给下属的不道德行为打分，分值为 1 ~ 7 分。他们被问及对客户或员工撒谎、谎报实际工作时长等行为。他们发现焦虑、受威胁感和不道德行为之间存在关联。但是，我们必须记住，相关性并不意味着因果关系，做出不道德行为的人可能会更加焦虑。

然而，上面三个实验清楚地表明，焦虑的人更容易做出不道德的行为。

这些结果对公司和机构有直接的影响。在前面的章节中，我们已经指出，焦虑和压力过大的员工效率较低，他们的业绩也会受到影响。但大多数雇主和员工可能没有意识到焦虑也与不道德的行为有关。因此，公司应该投入精力和资金来减少员工的焦虑和压力。

一天中的某些时刻

一天中的具体时间会对道德行为有影响吗？在一天中的某些时候，我们抵抗诱惑的自制力是否会弱一些？

道德行为涉及个人价值观，我们已经知道有些人没有其他人那么诚实。然而，道德行为也与自我控制和抵制诱惑有关。也就是说，即使你知道不会有人发现你从办公室拿了一些纸，你也会抵制住诱惑不这么做。问题是我们的自控力是否会在一天中某些时候减弱。例如，当我们在关注体重时，我们知道不应该再吃一块蛋糕，如果我们有自制力，就能抵制诱惑。有时候，我们的自制力不是那么强，无法抵挡诱惑，所以就又吃了一块蛋糕。研究表明，自制力有一定的容量。感到疲惫的时候，我们在抵制诱惑和听从道德指引方面的自制力就会减弱。

玛利亚姆·柯查基在担任哈佛大学萨夫拉伦理学中心研究员时调查了这个问题。她的团队进行了几项实验，对比早晨和晚上的道德行为。在一项实验中，测试对象被要求完成一项任务，在这个任务中他们可以轻易作弊，并且相信别人不会发现：他们会看到两个有 20 个圆点的三角形图案，他们要按下一个按钮来判断左右哪边的圆点更多。一组在上午来参加实验，另一组下午来。下午的测试对象作弊的次数更多。研究人员认为，人们在下午精力耗尽，会感到更加疲惫，而这种自我规范资源的耗竭会导致不道德的行为。人们在漫长的一整天工作后感到疲惫不堪时，对自己的行为控制度降低，因此更容易被诱惑，做出不道德的行为。这些结果表明，在一天结束的时候，我们应该更加警惕到自己的身心资源可能枯竭，尽量避免将自己置于受诱惑的境地。

更复杂的是，另一项研究发现，道德行为的确与一天中的具体时间有关，但这取决于这个人是晨型人还是夜型人。研究人员根据“起床后的半小时你感觉有多清醒？”将测试对象分为晨型组、中间组和夜型组。测试对象在早上和晚上都有机会作弊。夜型人在早上更容易作弊，而晨型人在晚上更容易作弊。

让他们喘口气吧：每项任务都需要中场休息

许多研究发现，体育锻炼不仅能改善我们的身体状况，还能有效减少压力和焦虑，提高灵敏度和专注力，即使是 5 ~ 10 分钟的锻炼也可以减少焦虑情绪。公司应该鼓励员工积极锻炼身体。如果

公司大楼里没有健身房，雇主可以考虑为员工办理健身房会员，并在工作日给员工一小时的锻炼时间，或者为员工请一位有氧运动、普拉提或瑜伽（瑜伽是一种有助于减轻压力和焦虑的锻炼方式）教练，在一天的某个时间组织一节健身课。为员工办理健身会员是对公司的良好投资，因为焦虑、压力不仅与糟糕的工作表现和生产力相关，还与欺骗和偷窃等不道德行为有关。

另一个焦虑的来源是在工作时担心我们的孩子，日托可能有助于减少焦虑。（我的孩子还小的时候，大学里没有日托所，我总是很担心，在一天的工作结束后匆匆赶回家。现在大学提供日托服务，你甚至可以白天路过时透过窗户偷看一下，看看你的孩子在玩耍。）

公司在减轻员工焦虑上的资金投入最终将会以更高的生产力和更有道德的行为方式得到回报——并伴随着利息。每项任务都需要中场休息。

自制力

我在担任心理学系主任期间，正处在一场痛苦的个人经历中。我努力像平常一样管理这个部门，但对我来说，要照顾他人感受、集中精力关注各种科目和会议非常困难。我不得不动用我所有的身心资源来掩饰我的真实情感。我记得一位同事到我的办公室来找我，而他让我很苦恼。在其他情况下，即使我会生气，也能克制自己安静地答复他。即使是在我心烦意乱的时候，我以前也从未在工作中对任何人吼过。但那个时候，我的身心资源枯竭了，一整天都在努力压抑自己的悲伤情绪，还要关注其他事务，所以我失去了自制力，我冲那个人大喊大叫，告诉他我多年来对他的看法，但以前从未说起过。

当我们有自我控制力的时候更能抵制住诱惑，不会做出不道德的行为，不会虚报工作时长，或不会说出不可挽回的话。然而，人们的身心资源有限，可能在一天中感到很累的时刻失去自制力。当我们用所有的努力来控制行为或情绪，或完成认知任务时，我们对其他看似无关的事情的自控力就会减弱，可能会对别人发火，或者注意力涣散，或者无法抗拒诱惑而做出不道德的行为。也就是说，在某些情况下，我们的自制力会减弱，从而做出不道德行为。

哈佛大学获奖教授弗兰西斯卡·吉诺曾登上“50位思想家”名单，被评选为世界最具影响力的50位管理思想家之一。在她的带领下，研究人员进行了多项实验，调查了人们努力在完成某项任务时是否会有更多的作弊行为，是否使用他们的自控力资源。例如，在一项实验中，研究人员要求测试对象在电脑上观看一段视频，在观看期间，各种不相关的单词出现在屏幕底部。在精力未耗尽的情况下，测试对象没有得到关于这些单词的任何指示；而在精力耗尽的时候，测试对象被告知不要去看或读这些单词，这需要更多的努力。测试对象有机会通过在解决问题的测试中夸大自己的表现来作弊（他们确信没有人会发现）。在精力耗尽的情况下作弊的人，比未耗尽的情况下要多，也就是说，当他们必须特别注意不去看那些文字时，需要动用自己的身心资源，抵制诱惑的自制力就会降低。

身心资源超负荷和消耗不仅与作弊有关，而且与不遵守规则相关。三年多来，一组研究人员观察了美国 35 家医院 4157 名护理人员的洗手习惯。大部分护理人员是护士，其余是护理技术员、内科医生和治疗师。他们发现，在一天中，随着时间的推移，护理人员不再遵循标准程序，洗手的次数越来越少。工作强度越高，洗手次数减少的速度越快。这是另一个例子，表明当我们疲惫不堪时，自控力下降，自我规范能力也会下降，对规则的遵守程度也会减小。这些结果可能让你觉得不足为奇，但它们非常重要。洗手已被证明可以减少感染，而不遵守这一重要规则会增加感染率。

睡眠与不道德行为

露丝是一家大公司的中层管理者，她非常友善、礼貌、体贴，从不粗鲁。然而，最近人们注意到她不再那么彬彬有礼，有时会对同事大喊大叫。周围人以为她经历了什么不幸的事，或者遇到了什么烦心事。令人惊讶的是，原来她不是心情不好，而是每天晚上外出直到凌晨 2 点，睡得比以往要少得多——缺乏睡眠影响了她的行为。我们都知道睡眠不足会影响工作表现和情绪，但这里我们要讨论的是自控力。疲劳和长时间工作的员工没有足够的认知资源，因此自制力较弱。事实上，缺乏睡眠与不道德行为确实有关。一项研究发现，测试对象前一天晚上睡眠越足，他们在测试中作弊的次数就越少。在另一项研究中，测试对象对他们过去三个月的睡眠情况进行了评估，他们的上司用“用别人完成的工作来邀功”等条目来评价他们的道德行为。研究结果表明，睡眠不足与不道德行为相关。

这些研究结果意义重大，我们需要注意由上述因素引起的自控力下降而可能导致的不道德行为。要适当休息，给自己充电。如果可能的话，不要安排影响员工午休的工作。我们知道过度疲劳和认知资源的消耗会影响我们的工作表现，而且过度劳累的员工有可能会违反一些至关重要的规则。

道德行为对于公司的运作和维持同事之间的良好关系是极其重要的。这些价值观应该是自上而下的：管理层决定员工需遵循的基调。正如本章开头提到的，公司因员工的不道德行为损失了大笔资金，坚持道德文化的公司能将这种损害降到最低。

当然，道德不仅仅是避免不良行为，更是积极培养良好的行为品质。根据本特利大学的一项研究，86% 的千禧一代表示，在有道德和社会责任感的公司工作是他们的首选。《卫报》上一篇题为“千禧一代想为有价值观和道德的雇主工作”的文章，讨论了英国一项涉及 2000 人的调查。高达 44% 的受访者认为，一份能帮助他人的工作甚至比获得高薪更重要；36% 的人表示，在一家能够造福社会的公司工作，他们会更加努力。显然，今天的年轻一代很看重社会价值观和道德规范。投身有意义的事业并在保持公平的公司工作，能让他们产生共鸣，并激发他们加入这类公司的热情。

此外，道德价值观所涵盖的不仅仅是偷窃、谎言和欺诈等明显违背道德的行为。这些价值观也与社会问题有关，如尊重、公平对待员工及多元化因素（不同种族、性别、背景），我们将在下一章讨论这些因素如此重要的原因。

第八章
多元化和差异性可以带来高效？

多元化：共同独立思考的艺术。

——马尔科姆·福布斯

如今，人们越来越意识到工作中需要多元化。这里的多元化是指一个群体在多大程度上由不同的人组成，尤其是不同种族、性别、民族、文化背景及其他特征。

尽管许多公司都在争取各种类型的员工，但我们能做的还有很多。以我所在大学的最高管理层为例，在过去的十年里，校长、教务长和校区主管都是男性，只有一到两位女性院长（根据年份而定），我相信你会觉得这与性别多元化相去甚远。然而，许多公司正在经历变化的过程，现在有更多的女性和不同种族的人担任高级管理职位和董事会成员。

研究表明，职场种族和性别多元化不仅仅是道德或政治正确的问题，它还能带来实际的好处——多元化对公司绩效有积极影响。大量研究发现，性别多元化的机构和公司业绩更好。例如：

- 2008年的一份报告指出，拥有更多女性董事会成员的500强公司，财务表现明显更好。
- 来自澳大利亚、英国和马来西亚的研究人员发现，有更多女性担任高级管理职位或董事会成员的公司，财务方面更加成功。
- 瑞士信贷研究所的研究人员对2360家公司进行了调研，发现董事会中至少有一名女性的公司比董事会中没有女性的公司业绩更好。他们得出的结论是，女性在高级管理层或董事会中所占比例较高的公司有更好的财务业绩。
- 最近在越南进行的一项研究审视了董事会女性成员对在越南证券交易所上市的170家非金融公司业绩的影响。研究发现，董事会中女性的数量与公司的业绩呈正相关。
- 另一项研究发现，对于注重创新的公司而言，高层管理人员中有更多女性的公司业绩表现更好。

当然，多元化不仅与性别有关，种族差异性也有类似的影响。例如，得克萨斯州和加利福尼亚州的研究人员调查了177家全国性银行。他们收集的数据包括银行的财务业绩、种族多元化，以及银行对创新的重视程度。研究结果表明，在强调创新的银行中，种族多元化与绩效呈正相关，多元化程度越高，业绩越好。

另一项研究调查了种族多元化对陪审团表现的影响。测试对象以陪审团的身份参加性侵案的模拟法庭审判，他们被分配到六人一组的陪审团中：有的陪审团全是白人，有的陪审团由四名白人和两名黑人组成。在审议此案时，与全部由白人组成的陪审团相比，由不同种族组成的陪审团做出的不准确陈述较少，交换的信息也更广泛。

多元化群体的好处在科学领域也很明显。哈佛大学经济学教授理查德·弗里曼和他的博士生黄伟分析了250万篇科学期刊上的研究论文,并查看了作者的种族身份。他们发表在著名期刊《自然》上的研究结果表明，不同种族作者合作撰写的论文比相同种族作者的论文被引用的次数更多。通常，一篇论文被引次数越多，说明其质量越高，影响力越大。

麦肯锡的一份报告研究了性别和国际多元化对公司财务业绩的影响。研究人员调查了法国、德国、英国和美国180家公司2008—2010年的董事会构成。结果很明显——多元化的公司在财务上明显比多元化程度较低的公司更加成功。这些研究清楚地表明，多元化给公司带来了巨大的利益，提高了公司的绩效。其中的原因也相当明显：来自不同背景的人有不同的视角、知识和观点，这会带来更多的创新和创造力。当会议室里的各方持有不同的意见时，决策过程会更加复杂，人们会考虑更多的信息。表达出来的观点和视角越多，就越有可能找到更好的解决方案，也就越能激发创新。

例如，我的一位朋友是一家大公司的董事会成员，他们要做一个重要的决策。董事会中只有一名女性，其他成员都是从事金融业的白人男性，他们的观点和视角非常相似。后来事实证明这个决策很糟糕。我的朋友认为，如果董事会在种族、性别、专业背景和文化方面更加多元化，大家就会听到更多的观点，可能会做出不同的决定。

哥伦比亚商学院的凯瑟琳·菲利普斯是研究职场多元化的领军学者之一，她在《科学美国人》杂志上发表了一篇有趣的文章，题为“多元化如何让我们更聪明”。她提出了多元化群体业绩表现更好的另一个原因：同质群体的成员相信他们会很容易达成一致，因为他们的观点相似。相反，当人们在多元化团队中工作时，他们预计到会有分歧和差异。这样一来，团队成员就会更加努力地工作，做好更充分的准备，因为他们知道团队达成一致意见难度较高。这种努力往往会带来更好的结果。

如果这是真的，是否只需要一名来自不同种族的成员就会影响团队的表现，甚至其他成员不需要知道这个人的观点或想法？下面这个有趣的研究告诉我们，答案是肯定的。

研究人员调查了种族多元化对金融交易员决策和业绩的影响。有金融背景的测试对象接受了计算股票真实价值的培训。然后测试对象被分配到同质组或多元组（组中至少有一个人与其他成员种族或民族不同）。研究人员在北美和东南亚两个市场进行了研究。在北美，同质组完全由白人交易员组成，而多元组中有一名非洲裔美国人和一名拉丁裔交易员。在亚洲，同质组完全由华人组成，而多元组中有马来西亚人和印度人。

结果几乎令人难以置信，多元组的测试对象在股票定价时明显比同质组更准确。事实上，他们在按资产真实价值定价上的准确度要高出 58%。与多元组相比，同质组倾向于支付过高的不合理价格，这些价格与真实价值相去甚远。换句话说，与来自不同种族的交易员团队相比，同质的交易员团队操盘时产生危险金融泡沫的可能性更大。这是一个惊人的发现，可能会产生重大影响。同样有趣的是，即使没有从少数族裔成员那里获得特别的信息，甚至当他们并不具备特殊技能时，多元化的有利影响依然存在。研究人员得出的结论是"只需要他们（少数族裔）的存在，就改变了所有交易员对股票价值的决策"。

似乎仅仅是不同种族成员的存在，就会使整个团队更善于分析和审辨，行为也更符合逻辑，而不是以不合理的价格交易。这项研究不仅对金融市场，对整个职场都有重要意义，在一个团队或组织中加入不同种族的成员可以得出更好的决策。团队中的多数族裔和少数族裔成员都是如此。

这些研究结果表明，出于道德和实践的考量，多元化都应该是公司和机构的目标之一。

这些研究证明了为特定任务选择团队成员的重要性，以及一些我们没有意识到的因素如何影响着我们的行为和决策。

你的团队足够多元吗？

本章中的研究表明，拥有一个多元化的团队将有助于我们做出更好的决策。所以，下次合作项目的时候，看看你的团队构成：团队成员都和你是相同种族或性别吗？如果是的话，要仔细考虑所有的选项，避免草率地做决定。引入局外人的视角也可能让你受益。在组建一个工作团队、特别小组或委员会时，要尽量让更多来自不同种族、性别和背景的人参与进来。

母语和外语

我们生活在一个全球化的世界里，公司经常雇用来自其他国家的员工，并需要与世界各地的公司进行交流。数以百万计的人在进行重要的对话和谈判时，至少有一方，通常是双方，选择英语作为最方便的交流媒介，尽管英语不是他们的母语。

研究结果表明，用外语做决定不同于用母语做决定。令人惊讶的是，不仅是决策，道德判断也会受到非母语的影响。颇具影响力的心理学家和经济学家丹尼尔·卡尼曼因其在决策和判断方面的研究获得了诺贝尔经济学奖。卡尼曼的《思考，快与慢》

（*Thinking, Fast and Slow*）一书，总结了他数十年的研究，其中大部分是与他的朋友、研究员同事阿莫斯·特沃斯基合作进行的（他们通过英语和希伯来语交谈进行合作）。不幸的是，特沃斯基在诺贝尔奖颁发之前就去世了。正如卡尼曼所说，决策和推理涉及两种主要的过程：分析性和系统性过程、直觉式和启发式过程。直觉决策更依赖于情感，更容易产生偏见，这可能导致错误的、不合逻辑的决策。这些认知偏见不是偶然发生的，而是人类在日常生活中倾向于使用启发式过程的结果，启发式过程是人们在日常生活中用来形成判断和决策的简单而有效的规则。它们可以被比作思维捷径、经验法则或简单的常识。通常，启发式过程专注于复杂问题的一个方面，而忽略了其他方面。

的确，我们的决策往往是有偏见和不理性的，其中一种偏见是框架效应偏见——人们基于选项是损失还是收益做出决策。以研究中经常用到的这个问题为例：

> 最近，一种危险的新疾病正在流行。如果没有药物，60 万人将因此丧生。为了拯救这些人，正在研制两种药物。

以收益为框架的问题是：

> 如果你选择药物 A，20 万人将会得救。如果你选

择药物 B，有 33.3% 的概率是 60 万人都能得救，而有 66.6% 的概率是没有人能够得救。

以损失为框架的问题是：

如果你选择药物 A，40 万人会丧命。如果你选择药物 B，没有人死亡的概率是 33.3%，60 万人死亡的概率是 66.6%。

如你所见，数字是完全一样的。然而，在第一种情况下，问题是以正收益为框架的，表明有多少人会活下来。在第二种情况下，它以损失的形式出现，表明有多少人会死亡。药物 A 是一个可靠的选择，而药物 B 风险更大。研究表明，我们对损失有一种厌恶感，因为从损失角度来看，更重视负面结果。因此，人们会根据问题的呈现方式做出不同的决策。如果问题是以损失的形式呈现，同时提到死亡，那么人们更愿意选择风险较大的药物 B。当问题从收益和积极的角度呈现时，人们更加保守，会选择风险较小的药物 A。

芝加哥大学的博阿斯·凯瑟教授在谈判和决策方面做过很多研究，他带领的研究团队调查研究了用外语和母语呈现问题的不同效果。在几项实验中，他们向三组测试对象陈述问题：一组以英语为母语，将日语作为外语；另一组以韩语为母语，将英语作为外语；还有一组以英语为母语，将法语作为外语。研究人员向所有测试对象提出同样的问题，有些用母语，有些用外语，有些以收益为框架，有些以损失为框架。

结果清楚地表明，当问题以测试对象的母语呈现时，框架效应会起作用。当问题以收益（多少人会活下来）的形式呈现时，测试对象更有可能选择稳妥的选项；当以损失（多少人会死）的形式呈现时，他们更有可能选择风险较大的选项。然而，当测试对象用外语进行决策时，这种框架效应就消失了，并没有影响他们的决策。非母语语言似乎增加了系统性过程，减少了偏见。

让我们再举一个关于偏见的例子：

> 想象一下，你在一家商店里，想买一件 125 美元的夹克和一个 15 美元的计算器。售货员告诉你，在他们的另一店，同样的计算器价格是 10 美元，那家商店距离你 20 分钟车程。你会去另外那家商店吗？

再看看这个问题：

> 想象一下，你在一家商店里，想买一件 15 美元的夹克和一个 125 美元的计算器。售货员告诉你，在他们的另一家商店，同样的计算器价格是 120 美元，那家商

店距离你 20 分钟的车程。你会去另外那家商店吗?

如果你认为两种情况下的折扣是完全相同的——5 美元，那么你是对的。在第一种情况下，折扣是 5/15，在第二种情况下，折扣是 5/125，但不管怎样，你省下的钱是一样的。因此，你的决定不应该受到折扣是在昂贵还是便宜的商品上的影响。然而，大多数人会选择为节省 15 美元中的 5 美元而跑一趟，而不会为了节省 125 美元中的 5 美元这么做。他们认为，为了节省三分之一的费用去另一家商店是值得的，而节省 125 美元中的 5 美元就没那么划算了。这是框架效应的另一个例子。一组研究人员调查了外语是否会影响这些决定。他们向两组母语为西班牙语的测试对象提出了这两个问题。对一些测试对象用他们的母语来提问，而对另一些则用英语。研究发现，用测试对象的母语提问时，框架效应更强。换句话说，当问题用西班牙语呈现时，测试对象更有可能回答：如果 15 欧元的商品有折扣，我会跑一趟。对于用英语提问的测试对象，框架效应减少了，回答会去节省这两种情况的人数差异要小得多。

这些实验有力地表明，用外语进行决策会减少偏见的发生。用外语做决定时，人们更依赖于遵循规范性规则的系统过程，而用母语做决定则更依赖直觉，更可能出现偏见。研究人员认为，这是因为使用外语会减少和削弱情绪反应，并增加距离感。

掌握外语好处多多

如果你精通一门外语，试着用这门外语考虑你的下一个决策。与你用母语做出的决策比较的话，用外语做出的决策可能会令你惊喜，因为它很可能更理性、偏见更少！当你在团队中工作时，尽量让一个会说外语的人加入你的团队，如果可能的话，用那门语言进行团队讨论。你很有可能做出更理性、不带偏见的决策。

如果团队的大多数成员都不会另一种语言，请那位说外语的成员用他的语言做出决策，再看看是否有你想到的要点。

外语与道德决策

研究表明，外语也会影响道德决策。试想一下这个困境：

> 一辆进站的火车眼看就要撞死五个人，阻止悲剧的唯一办法就是让它停在另一条轨道上，而这样做会又撞死站在那条轨道上的一个人，但会拯救其他五个人的生命。

这是个两难的困境。为了救五个人，我们必须主动采取杀掉一个人的行为。功利主义的回应是考虑对整体福利的好处和后果。根据这种观点，如果一种行为在某种情况下增加了整体福利，它就被认为是道德正确的。因此，功利主义的答案是牺牲一个人去救五个人，因为它支持多数人的利益。另外，这也触及了杀人的道德禁区，很难想象我们会做出杀害他人的行为。因此，人们通常会避免这个选项，而选择什么都不做——即使这意味着五个人会就此丧命。

最近有三项研究调查了外语对道德困境的影响。研究人员用母语或外语向测试对象呈现这个困境。在这三项研究中，与用母语得悉这一困境的人相比，用外语得悉的测试对象做出功利主义决定的数量明显更多，他们选择让火车改道，撞死一个人，以避免五个人死去。研究人员认为，使用外语造成的心理距离的增加会使道德判断不受外部情感因素的影响。

综上所述，本章中讨论的研究表明，职场的种族和性别多元化不仅从道德角度来看非常重要，从其实际效益来看也是如此。许多研究表明，多元化程度较高的公司在财务上更成功，而且仅仅是不同种族的团队成员的存在就会对整个团队的业绩产生积极影响。更多的女性担任管理职位和董事会成员，以及种族多元化能够提高公司的财务业绩，使其更加成功。事实上，将多元化作为一种理想会带来多赢的局面，每个人——雇主、员工和社会——都是赢家。

外语也会影响职场。研究表明，外语能激发更系统、更理性的思维。这些发现对公司机构中的谈判、商业决策和道德决策都有启示。在西方国家，商务谈判经常用英语进行，即使英语可能不是谈判人员的母语，也被作为通用的工作语言。这些实验表明，与用母语进行的决策相比，用外语进行的商业谈判、做出的决策更依赖于系统性过程，而且明显减少了偏见的发生。就收益性而言，偏见少的决策更可取。因此，建议在可能的情况下，团队中应该有母语不同于其他成员的人，而且这不仅适用于团队合作。用外语而不是母语进行储蓄、投资和个人决策的人，他们的思想偏见可能会少一些。

第九章
衣着会影响你是否被录用？

你的穿着就是你向世界展示自己的方式，尤其是在人际交往如此迅速的今天。时尚是即时的语言。

——缪西娅·普拉达

我在谷歌做第一本书的演讲时，我邀请了几个朋友，他们都就职于比较保守的公司和机构，从来没有接触过高科技公司。当他们看到谷歌的员工穿着牛仔裤、T恤和运动鞋时，感到十分惊讶，甚至有些震惊，他们认为这些衣服既不专业又过于随意。在一个组织中合适的衣着在另一个组织里显然不合适，至少乍一看是这样！

在过去几十年里，职场着装的标准一直发生着变化。通常着装标准都变得没那么严格了，但一些工作场所和公司仍会有着装规范或指导方针，并且这些规范标准有所不同。这取决于工作的性质和机构的类型，有些要求正式的风格，有些则允许穿休闲装，还有许多公司规定每周至少有一天是便装日，员工通常会遵守公司的着装规定。例如，银行或律师事务所有严格的着装要求，男士宜穿正装长裤或套装，女士宜穿剪裁合身的西装裤或及膝裙，以及配套的上装。他们知道自己不能穿T恤或塑料拖鞋来上班或者不扣衬衫最上面的扣子。有很多职业服务网站都提供了工作着装建议,有明确的商务着装定义。然而,有时标准并不是那么清楚，对于即使穿着职业套装也能在一定程度上自己决定裙子长度的女性来说，尤其如此。有些工作场所可能要求穿商务装，但不再要求打领带。在其他一些工作场所，比如许多高科技公司，员工可以随意着装，而且大多数人上班时都穿T恤和牛仔裤。

此外，近年来几起引人关注的案件有助于改变某些着装要求，特别是对女性的要求。2015年12月，伦敦的接待员妮可拉·索普因为没穿高跟鞋被要求回家。她收集了签名，并在议会发起请愿，呼吁立法禁止公司强迫女性穿高跟鞋。大约9年前，瑞士联合银行（UBS）发布了一份44页的着装规定。这些规定不仅包括西装外套和衬衫的细节，还包括领带、口袋和眼镜的种类，以及纽扣开合的说明。此着装规定一时成了头条新闻，受到了批评和嘲笑，后来进行了修订。日本电视台和日本商业内幕网最近报道称，一些公司不允许女性佩戴眼镜（需要说明的是，男性是可以戴眼镜的）。日本女性发起了“禁止戴眼镜”的话题，在社交媒体上引发了众怒。许多人看到了对女性戴眼镜的禁令与日本许多工作场所的要求之间的直接联系，比如要求女性穿高跟鞋上班，不管有什么困难和不便。因此，日本女性发起了一场社交媒体运动，抗议这一要求。

我们为什么如此注重职场着装呢？嗯，有一套文化期待和规范——这些都随着时间的推移而改变——已经使我们的思维形成了习惯。当一个人的着装与其社会角色的标准或期待不符时，就会立即产生一种不协调感，且通常会导致不利的评判，或者至少会让人愣一下（就像我的朋友看到谷歌员工穿休闲装时的震惊）。各种各样的社会角色包括求职者、父母、孩子、专业人士（白领和蓝领）、政府工作人员、教师和其他公职人员，还有最常见的从事日常工作的普通人。虽然像衣服和颜色这样的物理因素是肉眼可见的，但这些因素必须通过文化期待、规范和感知的过滤器——这些是看不见的——人们才能得出最终的判断。

大约 25 年前，我在哈佛教心理学时，注意到几乎所有的男教授在进教室前都会系上领带，一回到办公室就把领带摘下来。我问那些年轻的教授们，是否有人让他们在上课的时候系上领带，他们的回答是，他们觉得自己应该这么做。如今，许多大学的教授都不再打领带或穿西装，但我相信仍有一套不言自明的着装规范。大多数教授不会穿短裤或人字拖进教室。然而，如果只是在实验室或办公室工作，他们可能会穿成那样。没有人告诉过我演讲的时候我应该穿什么——无论是在大学里，还是面对各种听众（比如大公司的员工）时。但我想要传达专业精神，因此要穿着得体。

但是，除了专业人士的身份之外，关于着装还有更多的问题需要考虑。我最近听了加州大学洛杉矶分校社会科学教授马修·利伯曼的一个社会心理学讲座。利伯曼教授穿着白衬衫、黑色西装夹克，打着领带，走进他的本科生班教室。他一开始上课就给学生几个简单的指令，比如“向右伸展”和“向左伸展”，学生们愉快地照办了。在几次中性的指令后，他要求学生对他竖起中指，但大多数学生没有这样做。

利伯曼说这门课此前已经教授了 15 个课时，每次课都是从这个练习开始的。他说，以前的每一次，大多数学生都会遵照指令，对他竖起手指。唯一的区别是，在前面的课中，他穿得很随意，没有打领带，也没有穿西装。他穿着西装的事实使他成为权威人物，学生们很难不尊重他。这是一个例子，说明一个人的着装实际上可以在别人并未察觉的情况下影响他们的行为和态度。在这个案例中，利伯曼教授穿着威严、权威的黑色西装，打着领带，这让绝大多数聪明的学生选择屈服，表现得很恭敬。

因此，着装确实会对他人产生实实在在的影响。这是否意味着，无论何时只要穿着正装，你都会赢得别人的顺从和尊重？服装心理学并不是那样一维和直白，我们需要更深入的研究。当年《成功的着装》（*Dress for Success*）一书出版，随后有不少研究针对不同类型和颜色衣服的影响，一切看似都很简单。想让你的约会对象心情更激动吗？穿红色吧。想把奢侈品卖给高端客户？打领带。想要赢得尊重和彰显地位？穿上黑色西装，打上领带。诸如此类。但事实要复杂得多。

着装如何改变感知和判断

我们都被自身所处的文化所限制，在一个“可接受的”范围内行动、说话和穿着。当我们遇到违反这些规范的行为时，我们会短暂地停下来评估矛盾，然后做出某种判断。这一点尤其适用于我们对专业人士的评估——医生、教师、技术人员、牧师——他们占据了规范和期望的一个较窄的范围。

2009 年，英国的一个医学生团队进行了一项调查，要求 586 名成年患者对穿着不同服装的男性和女性医生的照片进行评分，这些服装包括手术服、职业正装、职业非正装、商务休闲装、休闲装和传统白大褂。在每张照片中，医生的脖子上都挂着一个听诊器。患者更喜欢、信任穿白大褂的医生——你知道，我们已经习惯在电影、电视节目和商业广告中看到医生穿白大褂。白大褂已经成为一种既定的刻板印象，这一点一再被谙熟我们心理机制的广告商所强化。路易斯安那州新奥尔良市奥什纳卫生系统的研究人员进行的另一项研究也得出了类似的结果。他们向患者展示了同一位医生的四张照片，在四张照片中，他分别穿着白大褂、手术服及白大褂、手术服、衬衫加领带。患者在看过这些照片后需要说出自己更喜欢哪张照片中的医生。结果明确显示，大多数患者（69.9%）更喜欢穿白大褂的医生。

服装风格已经被证明是特定职业专业程度的标志。例如，学生认为穿着随意的老师比穿着正式的老师更平易近人，但后者知识更渊博。伦敦大学学院的研究人员进行了一项研究，该研究由英国被提及次数最高的学者之一——阿德里安·弗海姆主持，他们发现，与那些穿着 T 恤和牛仔裤的同行相比，穿着正式的牙医和律师被认为更有能力、更加受到潜在客户的青睐。

许多研究证明，我们的穿着会影响别人对我们的看法和判断，甚至会扭曲别人对我们的客观看法。你相信专业的音乐人士对古典乐独奏表演的评价会因为演奏者的衣裙而有所不同吗？英国提赛德大学的诺拉·格里菲思所做的一项杰出研究发现了这一点。格里菲思拍摄了几位女小提琴手演奏三首乐曲的片段。这些女性的穿着风格不同：一位穿着牛仔裤和 T 恤，一位穿着俱乐部礼服，还有一位穿着音乐会礼服。几位小提琴手的身高、眼睛颜色和头发长度都很相似。这些视频片段被展示给了音乐专业的优秀学生和谢菲尔德爱乐乐团的成员，并要求他们给小提琴家的演奏打分。实际上，这三个视频都是用完全相同的原声音乐后期配音的。然而观察者还是会被小提琴手的着装风格所影响，形成一定偏见。穿着音乐会礼服的表演者在技术娴熟度上比穿俱乐部礼服和 T 恤、牛仔裤的小提琴手得分更高。这个结果非常有趣，因为评估者本身就是音乐家，他们表面上只关注音乐质量而非无关的细节。我们要留意这个研究，尤其在工作中，因为它证实了一个值得关注的现实：着装确实会影响人们对我们的看法，包括我们的客观表现。

事实上，不同级别的专业人士都受到某些社会期待和刻板印象的影响，对女性来说尤其如此。劳伦斯大学社会科学教授彼得·格里克以研究性别刻板印象而闻名。格里克和普林斯顿大学的苏珊·菲斯克创造了“善意的性别歧视”这个概念。它意味着女性被认为是脆弱、敏感和弱势的，需要得到保护和照顾。研究表明，善意的性别歧视与直接敌意的性别歧视一样具有压迫性，后者是指女性在工作中被视为对男性权威的威胁。在格里克的一项研究中，男性和女性测试对象都被要求观看女性穿着性感服装（浓妆艳抹、高跟鞋和低胸上衣）或商务职业装（淡妆、黑色长裤、平底鞋、高领上衣和夹克）的视频。视频中的女性担任经理或接待员职位。测试对象要对每位女性的能力、智慧、技能和责任心进行评价，还要说出如果那位女性是他们的同事，他们会有怎样的情绪感受（选项为放松、快乐、喜爱、恼怒、厌恶或沮丧）。结果相当令人不安，如果一名女性以经理的身份出现，并且打扮得比中性的着装风格更有刺激性，测试对象会认为她能力较差，对她的看法也更负面。相比之下，接待员的着装——无论是刺激性还是中性——都不会影响对她能力的判断。

另一组研究人员用不同的刺激因素重复了这项研究，并得到了相似的结果。这次，研究人员向测试对象展示一幅女性的图片而不是一段视频，她的职位要么是办公室助理，要么是一家广告公司的首席执行官。每张照片中都是同一位女性，她在一半的照片中穿着商务西装，在另一半照片中则穿低胸衬衫，不穿外套。当这位女士以首席执行官的身份出现并穿着职业装时，人们会认为她比穿着低胸衬衫的首席执行官更有能力。与之前的研究相似，当这位女性以办公室助理身份出现时，测试对象对她职业素养的感知并无差异。因此，并不是服装本身使人们产生了判断，而是一系列的文化期待和地位象征影响了我们的认知。

一项更细致的研究得出了同样的结论，强调了小细节对第一印象的重要性。虽然很多研究都在评估不同着装风格的影响，但英国最近的一项研究发现，即使是很小的调整，比如裙子过膝还是膝上，或者一颗扣子是否扣上，都会影响人们对女性在工作中的看法和评价。研究人员向女性测试对象展示了四幅女性图片，根据她们的着装（具有一定刺激性或刺激挑衅性）和工作职位（高级管理人员或低级接待员）进行区分。四名女性中有两人穿着较短的裙子（刚好在膝盖以上），衬衫上的两颗扣子没有扣上。另外两位女士的穿着比较保守，只有一颗扣子没扣，裙子也稍微长了一点。打扮得更具刺激性的两名女性中，一名女性的职位是高级经理，另一名为接待员；着装风格较为保守的两名女性也是如此。结果显示只有对高职位女性的判断会受到着装风格的影响。如果一名女性经理的穿着具有一些刺激性，人们就不那么看好她，认为她的能力不如穿得保守些的人。要知道，这几位女性形象之间的差异其实很小：只有一颗未扣的纽扣和一条稍短的裙子。相比之下，以接待员的身份出现的女性，其着装风格没有影响他人的判断。

还有另一些研究比较了职业着装和非职业着装的影响。不出所料，研究结果表明，职业着装能传达出胜任工作的能力，并影响人们对职业素质的看法。威斯康星大学的心理学和人类发展教授里根·高隆目前正在研究偏见和性别歧视是如何传播的。他最近和同事们进行了一项有趣的研究，他们给测试对象看了十张女性的照片：其中五人穿西装裤和经典毛衫，符合许多工作场所的着装要求；另外五人则穿打底裤和各种上衣，比如薄纱衬衫或休闲法兰绒衬衫。测试对象认为，按照职场着装要求穿着的女性更聪明、更强大、更有能力。

那男性呢？他们穿定制西装还是常规西装有关系吗？显然，是不一样的。274 名男性和女性测试对象对穿常规西装或定制西装的男性照片进行了打分。其实两种西装之间的差别很小，但测试对象更青睐穿定制西装的男性，认为他们更自信、更成功，薪水也更高。显然，即使是衣着上的微小差异也会影响我们的判断和评价。

看起来合适，还是真合适？

下次当你面试求职者，或评价同事的表现时，问问自己是否受到了对象着装方式的影响。一旦你意识到了这种可能性，就有可能更客观地根据优点来评价对方。

你错了，大错特错

很多人都会想起大热电影《风月俏佳人》中的一个场景。茱莉亚·罗伯茨走进一家著名的精品店，身穿一件价格便宜且颇具挑衅性的迷你裙和长筒靴，询问商品价格。店员对她很冷淡，拒绝告诉她价格，只是居高临下地说："哦，这件很贵的！"当她说自己真的有钱的时候，店员不想让自己的商店形象受到玷污，于是说："我想我们没有适合你的商品，你显然来错地方了，请另找他店。"第二天，茱莉亚·罗伯茨走进同一家精品店，穿着她买来的昂贵的新衣服——优雅的白裙子、白手套和一顶帽子。店员没认出她。茱莉亚·罗伯茨转身对她说："我昨天来，你不愿意接待我。你是拿佣金工作的，对吗？"然后她给店员看了自己在罗迪欧大道上所有高档商店里消费的购物袋，说："你错了，大错特错。"

嗯，这部电影拍摄于 1990 年。与此同时，文化及其规范和期待一直在不断演进。因此，在高端商店工作的店员会更有头脑，他们了解潜在顾客的着装，知道百万富翁不一定衣着光鲜。现在甚至出现了一种时尚潮流，实际上是一种心态，被称为"极简穿搭"（英文 normcore 由"正常"和"核心"两个词组合而成），即穿朴实简单的衣服，比如运动鞋、帽衫等。对于富人甚至名人来说，这样的着装显然是一种解放。可以想象，"极简"可能演变成一种"反向"身份象征。

几年前，哈佛大学的研究人员在意大利进行的一项研究证实了这一点，研究团队中有著名的市场研究学者弗朗西斯卡·吉诺。这项研究招募了两组女性：一组是在销售如迪奥和华伦天奴等奢侈品牌的高档精品店工作的店员，另一组由在米兰中央车站招募的行人组成。所有测试对象都被要求想象一位35岁的女性，走进一家奢侈品精品店。其中一组被告知这位女士穿着连衣裙和皮草外套，另一组被告知她穿着运动服和夹克。然后，她们被要求以7分制对这位女性在这家商店购物的可能性进行打分，以及她会比一般的客户花更多还是更少的钱，是否买得起店里最贵的东西。熟悉高端潮流的高档精品店店员认为，穿运动服的女性有更大的购买潜力。那些不熟悉这种趋势的测试对象的想法恰恰相反。在这里，测试对象的反应也是由文化规范和期望决定的，但这次是亚文化的规范和期望是一般行人并不太熟悉的独特的高档购物环境。同样，环境是关键。当测试对象被要求想象一个穿着人字拖、戴着斯沃琪手表的女性，以及另一个穿着高跟凉鞋、戴着劳力士手表的女性时，出现了类似的实验结果。

在另一项实验中，一些哈佛大学的学生被分成两组，评价一位虚构的教授的教学和研究能力。这位虚构的教授要么系着领带、胡子刮得很干净，要么穿着T恤、留着胡子。其中一组被告知该教授在一所知名大学任教，而另一组则没有有关教授任教大学的任何信息。研究者发现，当教授被认为是在一所知名大学教书时（环境），穿着随意、留着胡子的教授，也就是不符合传统的教授，在地位和能力方面得到了更高的评价。当没有提供关于这所大学的信息时，结果则相反。显然，人们认为，在地位显赫的学府中，蔑视传统的人可能更自信，因此被认为具有更优秀的素质。

上述研究都表明，为某个社会角色选择如何着装是一个动态的概念，它会随着社会规范和期待的变迁而变化。

法庭造型师

安娜·索罗金——在曼哈顿社交圈亮相时用的名字安娜·德尔维，假装自己是一个拥有5000万美元信托基金的德裔女继承人。这位出生于俄罗斯的年轻女子是曼哈顿的社交名媛，她成功地骗过了商家、银行和其他人。她穿着昂贵、高端的衣服，经常出现在名人的社交圈中，出手大方，给人一种百万富翁的印象。安娜是纽约最昂贵的酒店和俱乐部的常客，而且从不付钱。她答应一个朋友会支付一起去摩洛哥旅行的费用，但最终让朋友付了6万美元。她还伪造银行账单从银行贷款，但从未偿还。她于2017年被捕，被判盗窃罪，并被判处四年监禁。《纽约时报》的时尚总监兼首席时尚评论家凡妮莎·弗里德曼在2019年4月写了一篇文章，题为“这条裙子让我看起来有罪吗？”。弗里德曼说，在庭审期间，安娜经常穿白色的洋娃娃短裙和白色蕾丝裙，这些都是她雇来的专业造型师为她挑选的，专门指导她在审判期间的穿着（顺便说一句，其他名人，比如帕丽斯·希尔顿，也聘请了造型师帮助他们选择出庭服装）。我相信裙子款式的选择不仅仅是因为造型师想让她看起来更漂亮，还因为白色象征纯洁和天真。

弗里德曼提到了另一个有趣的例子：伊丽莎白·霍姆斯的庭审。伊丽莎白·霍姆斯创立了一家价值数十亿美元的公司，声称拥有革命性的血液检测方法，仅需非常少量的血液即可。这些说法被发现都是假的，霍姆斯被控“大规模欺诈”。作为一名成功的女性商人，她总是穿着黑色高领毛衣和长裤，这一点和乔布斯很像。当她来到法庭时，她穿了一身浅灰色的套装。根据她的说法，她的着装选择象征着“从黑暗走向光明”。

我完全同意，她的观点是有科学依据的。

颜色的作用

我们已经看到，衣着会影响别人对我们的看法。另外，不仅仅是服装风格，衣服的颜色也会影响他人对我们的感知和判断。不同的颜色与不同的情绪、认知和行为相关。这些关联可能深刻影响着他人对我们的判断。

白色和黑色

白色和亮色象征着善良、纯洁和美德，而黑色和暗色则象征着邪恶。我们经常使用隐喻，例如“纯净如雪”“隧道尽头的光亮”，将白色和明亮与积极的事物联系起来，“黑暗时代”“黑暗面”“黑名单”和“黑暗的秘密”等隐喻则将黑色和暗色与消极的事物相关联。在电影中你会经常看到对黑白的相同感知：善良的角色穿白色或浅色衣服，而恶棍穿黑色或深色衣服。

问题是，这些白与善、黑与恶之间的联系有多强烈，这些联系是否会影响我们的判断和行为？明亮和白色刺激是否会引发积极情绪？暗色或黑色刺激是否会引发消极情绪？一个穿白色衣服的人会比一个穿黑色衣服的人得到更积极的评价吗？

研究表明，我们会自动、本能地将白色和亮色与积极的事物、黑色和暗色与消极的事物联系起来。在几项相关研究中，研究人员向测试对象展示了一些积极词汇（如慷慨、勇敢或温柔）和消极词汇（如残忍、痛苦和撒谎），并要求他们指出每个词是积极的还是消极的。这项任务没什么难度。然而，研究人员操纵了这些单词的字体颜色。其中一些单词以白色字体显示，而另一些则以黑色字体显示。研究人员测量了测试对象将每个单词归类为积极或消极所需的时间，回答得越快，任务就被认为是越容易。如果人们会自动且本能地将积极的特质与光明联系在一起，将消极与黑暗联系在一起，那么当积极词汇用黑色字体显示，消极词汇用明亮颜色的字体显示时，任务就会变得更加困难和耗时。其理由是，象征着善的白色与消极词汇相矛盾，象征着恶的黑色也与积极词汇不符。的确，研究人员发现，当消极词汇以白色字体显示，或积极词汇以黑色字体显示时，测试对象要花更长的时间来对这些单词进行分类。这些结果表明，在亮色和积极特质间有一种本能的联系。我们往往把暗色和黑色与坏和邪恶联系在一起，把白色和亮色与善良联系在一起。

如果“黑暗/邪恶”“白色/善良”之间的联系是无意识和本能的，那它会影响我们对穿白色或黑色衣服的人的看法吗？康奈尔大学的两名研究人员马克·弗兰克和托马斯·吉罗维奇，进行了几项实验来研究这个问题。在一项研究中，他们调查了美国国家橄榄球联盟和国家冰球联盟15年来的职业球队处罚记录。他们发现，穿黑色队服的球队比穿其他颜色队服的球队受到的处罚更多。对于这一发现有几种解释。穿黑色队服的球队可能就是表现得更有侵略性，应该受到更多的惩罚。然而，也有可能是裁判认为穿黑色队服的运动员更有攻击性，因此给了更多的处罚。在这两位学者的另一项研究中，球迷、学生和职业裁判观看了两段几乎完全相同的足球比赛视频。一段视频中球员们穿黑色队服，另一段视频中球员们穿白色队服。测试对象更倾向于处罚穿黑色队服的球队，并认为他们比穿白色队服的球队更具攻击性。

这些结果清楚地表明，黑色队服影响了裁判，使他们认为穿黑色球服的人更有攻击性。

那么，我们应该多穿白色衣服、少穿黑色吗？你必须记住一个规则：具体环境很重要。黑色套装或小黑裙被认为是经典的晚礼服。你应该根据场合选择着装，是晚上外出娱乐还是参加工作面试。此外，这还取决于你是面试官还是被面试的人。记住，白色与天真和纯洁联系在一起，它影响着人们对你的看法。想想所有与黑和白相关的联想和隐喻，想想具体场合，以及你想让别人如何看待你，然后决定你想要呈现的形象。更重要的是，穿让你感觉舒服的衣服。

红色

在我做关于颜色影响的讲座时，我总会问听众他们对红色的联想。我得到了许多答案，比如危险、支配地位、侵略性和活力。但有一种联想是听众永远不会错过的：红色与激情和性欲联系在一起。

是否有科学证据证明穿红色会影响他人对我们的看法？确实有，不过取决于着装者的性别。

为了研究这个问题，心理学教授安德鲁·艾略特和博士后研究员丹妮拉·涅斯塔进行了一系列实验，每个实验用不同的照片展示给男性测试对象：金发女性和深褐色头发的女性、穿高领毛衣的女性和穿条纹纽扣衬衫的女性、面带微笑的女性和表情中性的女性。在每个实验中，男性测试对象看到的都是同一位女性，只是背景颜色不同：有红色、白色、绿色和蓝色。研究人员让测试对象给作品中女性的性感程度和吸引力打分。在最后一个实验中，这位女士的衬衫通过数字技术被涂成了红色或蓝色，测试对象被要求评估他们想跟这位女士约会的可能性，以及他们会为与她的约会花多少钱。在所有的实验中，男性认为红色背景照片中的女性更有吸引力、更性感——与不同颜色背景照片中的同一位女性相比。测试对象还表示，他们会为穿红色衣服的女性花更多的钱。红色对所有类型的女性都产生了影响，无论是穿高领毛衣还是夹克外套，微笑与否，金发还是深发色。有趣的是，当被问及是什么影响了他们的决定时，男性确信背景的颜色并没有影响他们的判断。

反过来，红色会影响女性对男性的看法吗？安德鲁·艾略特领导的一组研究人员对此也进行了一系列类似的实验。这次，研究人员向女性展示了红色背景、白色背景或灰色背景下的男性照片。他们让女性测试对象给照片中男性的性吸引力打分。在另外两个实验中，研究人员改变了照片中男性衬衫的颜色，而不是背景的颜色。女性认为红色背景中或穿红色衬衫的男性更有吸引力、更性感。研究人员认为，就像在动物世界一样，红色与男性的统治力和权力联系在一起。女性通常会被有权势的男性吸引，觉得他们很性感。因此，当她们看到红色背景中的男性时，会产生一种对支配和权力的联想，觉得他更有吸引力。

这些发现表明，红色在男性身上可能暗示着自信、权力、支配和权威，而在女性身上则传达着吸引力和性感。

女性朋友们曾多次问我在不同场合她们应该穿什么，包括工作面试、日常上班、做演讲等。的确，研究表明，我们的穿着方式会影响他人对我们的看法，而女性（比男性）有时更可能因为她们的穿着而被误解。尽管如此，我给出的唯一建议是：女性应该以她喜欢的方式着装，穿自己觉得舒服的衣服。在这个传统的以男性主导的世界里，做一名女性永远更艰难。但是我们的社会在进步（尽管还有很长的路要走），任何对女性的歧视，无论在道德还是法律上，都是错误的，包括对她们着装方式的批判。

对于想要展示自信和力量的男士，我的建议是系条红色领带。另外，如果你要去参加一个社交聚会，或者你在工作中不想显得太强势，而是想表现得友好、融入团队，那么蓝色领带就可以了。

重要的是你要知道红色传达的信息。最后，这是你的决定。

人如其衣：衣着对认知表现和情绪的影响

我的一位学生告诉我，去考试的时候，她会穿一件印有小孩读书图案的衬衫。她说穿那件衬衫让她感觉自己更聪明。我们的穿着是否会影响我们的感觉、行为，甚至认知表现？研究表明，这并非纯粹的幻想。我们的着装的确影响着我们的感觉、行为和表现，包括我们如何看待自己。例如，一项研究显示，与穿着休闲装相比，穿着商务装（包括商务休闲装）时，员工在主观上觉得自己更有能力和权威。有趣的是，当他们穿着商务装时，还会感觉自己不那么友善。

更有趣但不那么直观的发现是，我们的着装会影响我们的认知表现。莱斯大学琼斯商学院教授哈乔·亚当和哥伦比亚商学院获奖研究员亚当·加林斯基教授进行了一项非常有趣的研究，他们就一件特定的服装，即医生的白色实验服如何影响认知表现进行了研究。在实验中，他们要求一半测试对象穿白色的实验服，而另一半则不穿。测试对象要完成一项需要选择性注意力的认知任务，即斯特鲁普任务；该测试以心理学家约翰·里德利·斯特鲁普的名字命名，开发于20世纪30年代，至今仍在认知心理学实验室中广泛使用。在这项任务中，测试对象会看到颜色词，比如“绿色”或“蓝色”。词汇字体的颜色和词汇的含义要么是一致的（例如，“红色”一词以红色字体显示），要么不一致（“红色”一词以蓝色字体显示）。测试对象必须说出字体的颜色，而不是说出这个颜色词本身，越快越好。当然，当字体为蓝色，但词是“红色”时，任务就比较困难。穿白色实验服的测试对象的表现明显好于未穿白色实验服的那一半人。此外，还有更多值得我们关注的发现。

正如前面提到的，服装对我们的影响是由文化期待和规范所引导的，这些都是看不见的。另一个同样具有无形影响的关键因素是“情境”，即一个人对特定情境的内在表征。为了探究情境的作用以及它是否会影响认知表现，上文中的两位研究者改进了他们的实验，并得到了一些有趣的发现。

这次测试对象被分为三组，其中两组穿着白色的实验服，只不过一组被告知这件衣服是医生的白大褂，而另一组被告知这件完全相同的衣服是画家的外套。第三组没有穿外套，但实验人员把一件外套——他们口头描述为医生的白大褂——放在了测试对象能看到的一张桌子上。然后，所有测试对象都要完成一项需要注意力的任务（尽可能快地找出两张非常相似的图片之间的细微差别）。令人惊讶的是，“白大褂”组的表现明显好于“画家外套”组，尽管两件外套完全一样。此外，“白大褂”组的表现也明显优于只能看见被描述成白大褂的外套的那组。穿医生的白大褂会让人“更聪明”吗？比较合理的解释是，这件衣服给了他们一种能力增强的感觉，给他们的认知机器加了润滑油。同样，测试对象受到一种无形的力量的影响，即情境。另一项由哥伦比亚大学迈克尔·斯莱皮恩教授主持的研究发现，穿正装的人抽象思维更好。

我们的着装不仅会影响我们的认知表现，还会影响我们的体能表现。来自德国的一组研究人员选取了14对年龄和体形相当的男性运动员。他们互相竞争，一次穿红色的球衣，一次穿蓝色的球衣。与穿蓝色球衣的测试对象相比，穿红色球衣的运动员心率明显更快，在比赛前能够举起更重的重量。

服装与谈判

我们的着装会影响我们对权力和主导地位的感知，这对谈判也有意义。伊利诺伊大学的迈克尔·克劳斯和加州大学旧金山分校的温迪·贝瑞·门德斯进行了一项非常有趣的研究。他们邀请旧金山湾区的一些成年男性来到实验室。这些男性有的被要求穿一套黑色西装搭配长袖正装衬衫、黑色袜子和黑色正装皮鞋，有的穿白色T恤、蓝色运动裤和塑料凉鞋。然后，他们与另一名不知道着装要求的测试对象进行谈判游戏。此外，研究人员还在谈判游戏前后测量了这些男性测试对象的睾丸激素水平。

在之前的实验中，测试对象穿着“医生白大褂”，因此表现得更聪明。与此类似，穿着商务装的测试对象在谈判中表现得更好，比穿着T恤和运动裤的测试对象做出更少的让步，获得更多的利益。换句话说，仅仅是穿着职业装就会影响谈判行为、信心和支配感，而最重要的是，会影响谈判的结果。

此外，更令人惊讶的是，服装的类型对测试对象的睾丸激素水平产生了生理影响，而睾丸激素水平是支配地位的标志性指标之一。实验中穿运动裤的男性睾丸激素水平明显低于穿西装的男性。

因此，在商务谈判中，除非你对谈判结果极其自信，否则，在关键的谈判中，穿商务装更有胜算。在你开口说第一个字之前，着装很可能就会提高你的谈判能力。

当然，你可以自由选择穿什么，你有绝对的决定权！然而，要记住，你的穿着会影响别人对你的评价以及你对自己的感知。无论是在个人层面（和朋友、熟人的社交聚会或约会等），还是在工作中（与客户、同事、老板、谈判伙伴的互动及工作面试中）都是如此。至关重要的是，要遵守社会和文化规范，尊重每种特定场合和情境。例如，适合约会的穿着，通常就不适合葬礼或礼拜场所。你选择展现自己的方式，总是会受到服装带给你的心理舒适度的影响，因为不自在的感觉会被察觉——通过你的肢体语言和举止向外投射给他人，向内也会产生一种虚假的自我意识，仿佛在说“这不是真正的我”，让你无法获得最佳表现。

第十章 外貌真的那么重要吗？

不要只相信外表。

——伊索寓言《猫、公鸡和小老鼠》

在工作环境中我们总是在判断和评估他人。招聘经理、同事、主管都会对员工进行评估——在求职面试中，在考虑晋升时，或在公司设置新职位时，甚至在选择项目团队成员或考虑邀请谁共进午餐时。

当然，我们希望这些评价和判断仅仅基于工作能力等优点，而忽略其他无关的因素。然而，还有一些变量偷偷渗进我们的思维，破坏我们对最佳队友的选择。研究表明，聘用决策往往是基于与工作要求无关的因素。例如，学者里维拉 2012 年发现，实际的招聘并不仅限于根据工作所需的技能找到最佳应聘者。招聘人员通常会寻找与自己在生活方式、休闲活动、经历及展示自我的方式等维度相似的人。如果这是事实，就解释了为什么银行职位男性居多、教师行业女性居多。而且，我们经常根据自己对他人身体特征的偏见来做出判断，包括（但不限于）面部特征、外表吸引力、说话音调高低、手势、语速等。我们也可能在不知不觉中受到刻板印象的影响。

作为一名心理学教授和研究者，我非常清楚那些看似无关的因素会影响人类的判断力。然而，我也不能免受这种影响。作为大学临床心理学系的成员和主任，每年我都会面试想要参加临床项目的学生。总有几个成绩既优秀又有热情洋溢的推荐信，而且在面试中给人留下很好印象的候选人，但我无法把他们都录取。我也曾多次任职委员会，为特定职位或岗位挑选候选人。在选人结束时，我从来没有感到自在过。我不断问自己，即使我有相关知识，是否也受到了其他因素的影响。因为做出最好的决定对我来说很重要，我发现自己需要保持警惕，以免落入错误判断的陷阱。

本章将介绍一些研究，探讨各种因素如何与最终的评估直接相关，无论是招聘员工、决定谁晋升、工作分配还是同事之间的其他互动。了解这些因素的作用，有助于消除它们对工作相关判断的影响，以及日常评价他人的影响。

外貌的影响

小时候我读过一个寓言故事。有一天，一只小老鼠第一次走出去探索这个世界，回到洞里时，它给妈妈讲自己遇到的奇怪的动物。其中一个很柔软，毛茸茸的，还有一条长长的卷尾，看起来很漂亮，还发出咕噜咕噜的声音。另一只动物看上去很吓人，头上有一块块生肉，下巴扭动着，展开羽毛，发出可怕的叫声。老鼠妈妈听后笑了，解释说那只可怕的动物其实并不可怕，它只是一只不会伤人的鸟，而那只美丽的毛茸茸的动物其实是会吃老鼠的猫，可以把你当晚餐吃掉。

这个寓言告诉我们，我们应该小心，不要以貌取人。虽然这则寓言讲的是一只不谙世事的小老鼠，但研究表明，儿童、成年人甚至是专业面试官和决策者的判断，往往依赖于外表。

普林斯顿大学教授亚历山大·托多罗夫以研究第一印象而闻名，他发现人们会根据一个人的脸型做出瞬间的判断。人们在看到候选人的面孔不到一秒钟后就做出了投票决定，并在非常短的时间内对这个人的能力做出推测和判断。在招聘过程中，外表往往是我们对应聘者的第一印象。很多简历都会附上照片，面试官一眼就能看到。

许多年前，在我参加的一个教职员工会议上，每个系部的领导都要做一个关于当年招收新生的简短报告。被心理学研究生项目录取一直都很难，很多优秀的学生都被拒之门外。当轮到某个教授发言时，他打趣地说，他招收了一些女生，她们都很漂亮。他的不当言论立刻受到了其他教授的批评，当然，批评他是对的。然而，当时我就问自己：透过现象看本质，这位教授的轻率言论实际上是指出了面试中外表的巨大作用吗？

在某些情况下，在某些职业中，漂亮的人明显更受偏爱。例如，在一些餐馆里，所有的服务员，无论男女，都很养眼。有一次我走进一家餐厅，我首先注意到的是所有的服务员一律身材修长、金发碧眼。这绝对不是巧合。在 2016 年《每日电讯报》的一篇文章中，记者金秀描述了对空乘人员的要求。她将 1966 年《纽约时报》上的一则广告作为例子："高中毕业，单身（丧偶或离婚无子女可考虑），20 岁（19 岁半的女孩可以申请，日后考虑录用），身高 158 ~ 168cm，体重 47.6 ~ 61.2kg 且身高比例协调，视力至少为 4.7、不戴眼镜。"据金秀表示，目前对空乘人员仍有很多外貌要求。

许多著名的获奖女演员，如瑞茜·威瑟斯彭、薇诺娜·赖德、杰西卡·查斯坦等，在采访中回忆过她们在事业起步时被拒绝、被告知不够漂亮的经历。

在大多数情况下，面试官和决策者认为外貌不重要，不应该被着重考虑。问题是，这是真的吗？我们是否仅仅因为外貌就会对某些人产生偏见？

许多研究表明，富有吸引力的外表是一种优势，人们对长相不好看的人存在偏见，好看的人更容易被雇用、获得晋升和加薪。1972 年，三位研究人员凯伦·迪翁、艾伦·伯奇德和伊莱恩·沃尔斯特写了一篇文章，题为《美丽的就是好的》。他们的研究表明，人们往往把漂亮和更优秀联系在一起，并倾向于把更多积极的特质，如温暖、值得信赖和善良，赋予外表具有吸引力的人。许多年后，研究人员仍然发现，被认为更具吸引力的人在很多情况下都具有优势，包括在求职面试和日后发展机会等方面。

然而，外貌吸引力和评估求职者能力之间的关系比想象中复杂得多。尽管人们往往会偏向更有吸引力的求职人，但最近的研究发现，在某些情况下，有吸引力的人也会受到歧视。这种现象被称为“红颜祸水”效应。加拿大渥太华大学教授特蕾西·瓦兰蔻认为，女性之间存在着一种同性竞争，女性对漂亮同性的反应是消极的。那么，求职者的吸引力对评价者的决策有影响力的因素之一是性别吗？几项研究已经发现，人们对具有吸引力的同性产生负面反应。慕尼黑大学的社会心理学教授玛丽亚·阿格泽研究了这种效应。在几项实验中，阿格泽和她的同事们发现，人们偏向于对有吸引力的异性求职者做出正面评价，而对有吸引力的同性求职者容易做出负面评价。来自荷兰格罗宁根大学和蒂尔堡大学的一组研究得出结论，有时人们将同性视为竞争对手。例如，研究人员让学生们阅读一份职位描述，给他们几张模拟求职者的照片——其中一些求职者很漂亮，一些不那么有吸引力，然后让学生们就他们会雇用每个人的可能性打分。求职者之间唯一的区别是他们的照片。结果显示，男同学给有吸引力的求职者（包括男性和女性）的评分高于不那么有吸引力的人。然而，相较魅力值高的女性求职者，女同学更喜欢不那么有魅力的女性求职者。

同样的研究人员还进行了一个类似的实验，但这次他们让人力资源专业人士来打分。男性测试对象的结果与学生的结果相似，表明专业人士也会歧视长相平平的求职者。然而，与学生不同的是，女性测试对象并没有给魅力欠佳的女性更高的分数。研究人员提出了一个尝试性的解释，即女性人力资源专业人士更年长，不像年轻学生有很强的同性竞争意识。对此还需要进一步的研究。

另一项研究也显示出求职者性别的重要性。研究人员针对招聘广告提交了 2656 对简历。每对都包含一份没有照片的男性或女性求职者的简历，以及另一份内容几乎相同但附有照片的简历——照片上的人要么很漂亮，要么相貌平平。他们为每个外貌类别设置了一个带有语音信箱的电话号码和一个电子邮箱账户。有魅力的男性（照片中的）比相貌平平或没有照片的男性求职者收到更多的回复。而女性求职者的结果则截然不同，投递简历时不附照片的女性求职者收到的回复明显多于附照片的女性求职者，无论照片中的女性漂亮与否。

一些研究发现，疤痕或胎记等面部印记会影响面试官的决定。休斯敦大学和莱斯大学的研究人员进行了两项研究。在第一项实验中，他们让测试对象观看一段面试，求职者要么有色斑或疤痕，要么没有任何面部印记，结果显示，有面部印记的求职者的评价低于没有面部印记的一组。在第二项研究中，研究人员要求经理面试有面部印记和没有面部印记的求职者。他们再次发现，有面部印记的求职者得到的评价较低。后来的一项研究发现，面试官对有面部印记的人表现出更多的负面情绪和负面行为。

有几个因素可能会影响外貌对决策的作用，以及它是优势、劣势还是无关紧要。

其中一个因素是工作的类型。由科罗拉多大学的斯蒂芬妮·约翰逊教授带领的一组研究人员向测试对象展示了一些非常有魅力和不那么有魅力的女性的照片，并让他们评价这些女性胜任典型的男性化或女性化职位（如主管或秘书）的适合度。研究人员发现，吸引力对男性和女性都是有益的。然而，对于男性来说，吸引力在男性化和女性化的工作中都有帮助；而对于女性来说，吸引力对于申请女性化的职位更有帮助（与之前的研究不同，他们并没有发现“红颜祸水”效应）。当女性申请男性化的工作时，吸引力对她们的助益较少，但她们也不会因此受到歧视。

在招聘决定中，另一个可能影响外表吸引力的因素是工作的可取性。研究人员向测试对象展示了有魅力的和没那么有魅力的求职者的照片，让他们给求职者选出合适的职位。研究人员并没有具体说明职位的类型，只是将其中一个职位描述为非常乏味、无趣且费力，而另一个职位则被描述为有趣且令人兴奋。更多的测试对象选择了更有吸引力的求职者来从事更令人满意的工作。相反，当工作不受欢迎时，更多的测试对象选择了长相平平的求职者去担任。做出雇用决定的人认为有魅力的人有资格得到好工作，因此对不太理想的工作就会降低满意度。

组织机构政策也可能在决定吸引力的影响方面发挥作用。许多公司利用外部的专业人士来面试和挑选求职者。然而，在一些机构中，员工可以选择他们未来的同事。在某些情况下，有选择权的员工可能与求职者存在合作或竞争关系。

从个人经验来看，同行选择并不少见。在我们大学的心理学系，我们这些教授会负责评估求职者并选择我们未来的同事，有些教授可能会思考某个求职者对自己在学院的生活和职业产生怎样的影响。在某些情况下，他们认为自己或许可以很好地与某个求职者合作，从而促进自己的职业发展，而有些人可能觉得某个求职者会与自己在争取优秀博士生或研究经费方面形成竞争。尽管学术生涯主要关乎专业精神和科研，但其中肯定有不能忽视的学术政治因素——正如美国前国务卿亨利·基辛格所言："因为赌注如此之小，学术政治才如此邪恶。"不要误解我的意思，根据我30年的招聘经验，我相信在绝大多数情况下，我们唯一考虑的是谁最适合这份工作。但这些考量并不是大学所独有的。问题是，在合作或竞争的情况下，外表吸引力是否在起作用。

一组来自英国、美国和新加坡的学者研究了这个问题。他们要求测试对象基于两种条件来评估候选人：合作与竞争。在合作的情况下，测试对象被告知候选人将与他们一起完成一项任务，两人都可能得到晋升，但这将取决于他们共同的工作成绩。在竞争的情况下，他们被告知将要完成不同的任务，但只有一个人会得到晋升，而另一个人将离开公司。简历上的照片，有的人看起来非常有魅力，有的不那么有魅力。研究结果很有趣，在要求测试对象与候选人合作的情况下，他们更喜欢有吸引力的男性。相反，当他们要与候选人竞争时，长相平平的男性更受欢迎。在对漂亮的和长相平平的女性候选人的偏好上没有差异。这些发现表明，有吸引力的男性候选人被认为更有能力，因此在需要合作的情况下更受青睐，而在竞争的情况下则会受到歧视，人们担心自己会被他们超越。相比之下，女性的能力并不是根据她们的外表来判断的，因此，无论是竞争还是合作，外貌都没那么重要。

娃娃脸

我曾经任职的委员会必须决定一个管理职位的人选，这个职位需要支配力和领导力。在面试了几个求职者之后，我们最喜欢其中的两位，其中一位是个年轻的男士，你可以说他有张“娃娃脸”——圆脸、小鼻子、大眼睛、短下巴和高额头。两位候选人看起来都很聪明，有相似的经历和推荐信。委员会的所有成员都给了长得比较成熟的候选人更高的评价。最后，由于不同的原因，他们都没有被选中，但我一直在问自己，是什么让我们都更喜欢成熟的那一位。除了娃娃脸，我不记得他们之间有什么明显的区别，娃娃脸可能让他看起来有点顺从和天真。有没有可能这就是我们都认为他不够强势的唯一原因？

当人们看到一张娃娃脸时，会做出各种推论和判断，而不仅仅是觉得这个人很可爱。社会心理学家莱斯利·泽布罗维茨是面孔知觉和面部刻板印象方面的知名专家，她进行了许多研究，发现拥有娃娃脸的人被认为更热情、诚实、值得信赖、天真无邪（一项关于社会认知的有趣研究发现，拥有娃娃脸的刑事案件被告比拥有成熟面孔的被告受到的判决更轻）。

泽布罗维茨和她的同事们发现，在筛选高管职位的求职者时，相较于长相成熟的人，娃娃脸的人被认为更弱势、能力较差。例如，长着娃娃脸的人在竞选成为国会领袖和需要领导能力、主导能力和精明城府的职业时就不那么受青睐。另外，他们被认为更适合从事温暖和富有同情心的工作，比如护理。

其他研究也验证了上述发现。一组研究人员打印了584份完全相同的简历，将其放进贴了邮票并写好地址的信封里（写有首席研究员的邮箱）。他们在每份简历上附上一张娃娃脸或成熟面孔的照片。随后这些简历被“遗失”在电话亭、公园长椅和公共交通车站等各种场所。研究人员想要调查有多少简历会被寄到信封上的地址，以帮助那些“丢失”简历的人。只有36%的简历被寄回了信封上的地址，而且这些简历上的照片大都是娃娃脸。

另一个研究团队改变了前总统克林顿、里根和肯尼迪的某些面部特征。通过改变他们眼睛和嘴唇的大小，使他们看起来更成熟或更娃娃脸。当肯尼迪和里根的脸变得更娃娃脸时，他们被认为明显不那么强势、坚强和狡猾。

在另一项有趣的研究中，三位市场营销和商业研究人员虚构了关于一家制药公司的新闻。根据他们的讲述，该公司引进了一种有副作用的新产品，问题是该公司否认事先知道这些副作用。

这篇新闻的标题是《CEO否认其知晓药物副作用》，并附了一张CEO的照片。为了制作相应的CEO形象，研究人员拍摄了一张照片，并对眼睛和下巴进行操作，创造出两个形象变体，一个是娃娃脸，另一个是成熟的面孔。此外，他们还制造了三种不同严重程度的情况，取决于经历药物副作用的人的比例（1%、10%和20%）。这篇文章一共有六个版本，涵盖CEO面部特征（娃娃脸或成熟脸）和副作用严重程度（1%、10%和20%）的可能组合。每个测试对象看的新闻报道中要么是娃娃脸的照片，要么是成熟脸的照片，并且副作用严重程度是一定的。然后，他们被问及对该公司的态度（积极或消极），以及他们认为该CEO的诚实和正直度。当首席执行官长着娃娃脸时，人们对该公司的评价更高，认为首席执行官更诚实，但仅在副作用较轻的情况下（1%的用户经历了副作用）成立。也就是说，在相对严重的危机中，CEO是否长着一张娃娃脸并不重要。然而，当损害程度较低时，首席执行官的面部特征就会产生影响。

这些发现清楚地表明，外表很重要。求职者无法改变自己的外表如脸形，但评估求职者和做出聘用决定的人应该仔细考虑上述这些研究发现。承担决策责任的人必须问问自己，是否会基于外貌吸引力或其他外表特征对候选人有偏见。招聘委员会成员有男性和女性成员是明智的。如果两种性别成员的评分差异很大，应该问问自己，这是否与求职者的外貌吸引力有关。

不仅仅是合眼缘

当你面试某个人，或与同事进行谈话以决定是否想要与其合作时，问问自己你的决定是否受到了对方长相的影响。尽管这样不好也不公平，但外貌会影响人们的判断。如果你意识到了这种可能性，你受其影响的程度就会减少，更有可能根据人们的优点而不是长相来判断他们。意识到表象会影响你，真相才会出现。

说话的声音

在为我的第一本书寻找代理的时候，我把出书计划寄给了若干出版代理机构。他们中的一些人邀请我去他们的办公室详谈我的想法，另一些人要求我写出更多的细节内容给他们看。我觉得当面表达自己的想法比书面形式更好，事实也证明了这一点。我的代理邀请我去办公室，我们当面交谈并签了合同，接下来的事大家就都知道了。

有些人认为，如果能很好地表达观点，那么是把它写下来还是当面探讨并不重要。最近的一项研究聚焦了这个问题。研究人员进行了几项实验，要求学生们对求职者进行评估。一些学生阅读求职者写下的求职陈述，另一些学生听完全相同的内容，还有一些学生观看求职者陈述的视频。与看文字内容的学生相比，听到求职者讲话的学生认为他们更有能力、更善于思考、更聪明。

听求职者陈述的学生和观看视频的学生对求职者的评估没有区别。当评估者是专业招聘人员而非学生时，结果类似。所以，尽管很多人并不这么认为，但听过求职者的求职陈述的招聘方比只阅读过相同内容的招聘方更可能聘用他们。

让自己被听到

如果你想成功应聘某个职位，除了书面函件（简历、电子邮件、短信），还要努力让招聘方听到你的声音——不管是通过语音留言还是电话，即使书面和口头信息是完全一样的！这是一套超级有效的“组合拳”，可以让你的名字和个性在未来雇主的脑海中保持鲜活，留下深刻丰富的印象。此外，这样做还能传达出你的工作动力、性格深度，甚至是一种隐性的“关系”。在其他条件相同的情况下，这是一个几乎不费力气就能让你得到这份工作的技巧。

音调

我们说话的语气往往能反映我们的情绪和精神状态。同样的回答，用愤怒、悲伤或不耐烦的语气说，还是用愉快的语气说，他人的判断是截然不同的。但是声音的质量也是一个因素吗？我们还会根据音调来判断吗？

动物的叫声包含着信息。也就是说，某些类型的声音信号可能表明支配地位或战斗能力。人类的音调（声音的高或低）也会对听者产生影响。声音可以传达关于一个人的年龄、性别和情绪的信息。此外，研究发现，人们会根据一个人的声音来判断其魅力及支配力、领导力等性格特征。声音较低的男性被认为比声音较高的男性身体更强壮、更有吸引力、更具领导力。

来自国际政坛的例子可以说明这种影响有多么强烈。1979 年英国大选之前，玛格丽特·撒切尔曾向一位语音培训师学习如何降低自己的音调。在 2011 年的电影《铁娘子》中，撒切尔夫人被告知她声音的主要问题是“音调太高，没有权威”。的确，研究人员对她的声音进行了历时性分析，得出的结论是，随着时间的推移，她的声音变得更深沉、更具权威感。2015 年以色列大选的总理候选人之一艾萨克·赫尔佐格的音调很高，而他的对手本雅明·内塔尼亚胡的声音则比较低沉。赫尔佐格知道，他的高声调可能会损害自己的形象，在给潜在选民录制的视频中，他讲话时用的是另一个低声调的配音。在视频的最后，他说他知道自己的声音会让人们犹豫是否要投票给他。赫尔佐格最终没有赢得选举，原因并非他的声音，但他是对的，他的高音调肯定不能给他带来更多选票。研究清楚地表明，音调与投票意向有关。

在一项研究中，一组加拿大研究人员控制了 9 位美国总统的声音，为每位总统的声音制作了音调高和音调低两个版本。测试对象听了两个不同音调的录音，不知道其实是同一个人。然后，他们被问及谁会是更好的领导者，感觉谁更诚实、值得信赖、有领导力，谁能更好地处理经济形势、谁更聪明、谁更容易卷入丑闻。他们要像全国选举那样投票。相比音调较高的人，测试对象更倾向于把票投给音调较低的人，并认为他们有更优秀的个性特征。他们认为音调低的人比音调高的人更有统治力、吸引力和领导才能，更能应对当前的经济形势，且更聪明、诚实、值得信赖。在第二项实验中，研究人员检验了非政治人士在阅读非政治语句时音调的影响。他们制造了同一个声音的低音和高音版本。测试对象听了两种版本，然后要选择在全国选举中投谁的票。测试对象再次表示，他们更有可能投票给声音较低的候选人。

如果我们偏爱声音低沉的候选人，这对女性候选人又意味着什么呢？人们是否认为声音较低的女性更有能力担任领导角色？迈阿密大学助理教授凯西·克洛夫斯塔德进行了几项研究，调查男性和女性的音调高低对感知和投票行为的影响。克洛夫斯塔德和他的同事要求一些男性和女性录下“我敦促你在今年 11 月为我投票”的句子，并将这句话制作成高音和低音两个版本。测试对象听到一组低音调和高音调候选人的声音，然后回答会投票给谁。测试对象倾向投票给声音低沉的男性和女性。克洛夫斯塔德还研究了 2012 年美国众议院选举的结果，发现赢得竞选的候选人大多声音较低。他认为，我们对低音调的偏好可能会潜在地导致女性在领导职位和政府中席位不足。

当领导角色符合刻板印象中的“女性角色”时，比如学校董事会主席和家校联合会主席，这种情况也成立吗？显然如此。与之前的研究类似，安德森和克洛夫斯塔德给测试对象播放了家校联合会主席候选人的高音调和低音调版的录音。男性和女性测试对象都更喜欢音调低的女性候选人。研究人员认为，声音较低的女性被认为更坚强、有能力、值得信赖。因此，不管这个职位在刻板印象中是“女性化”还是“男性化”，我们都更喜欢音调低的人来担当领导角色。

脸和声音，哪一个对我们的影响更大？克洛夫斯塔德研究了这个问题，发现音调高低和面部特征都会影响选举，但面部特征的影响几乎是音调的三倍。

更复杂的是，来自加拿大和英国的两组研究人员发现，尽管女性在选择政治领导人时更信任声音低沉的男性，但在其他情况下她们更信任音调高的男性。例如，一项发表在《英国心理学杂志》上的研究发现，女性认为音调低的男性在短期关系中更有吸引力，但认为他们不值得信任。另一项研究发现，在涉及金钱的信任博弈中，女性认为音调较低的男性的信任度较低。所以，在领导国家的问题上，我们相信声音低沉的男性，但如果涉及自己的钱，我们就不相信他们了！

一组研究人员想要检验在实验室中发现的音调和领导力感知之间的联系，在现实世界中是否也适用。他们对上市公司的首席执行官进行了调查，包括他们音调的高低、公司规模和薪水。他们发现，声音较低的男性首席执行官管理着更大的公司，赚的钱也更多。这是一个有趣的发现，但我们必须记得，这里显示的是一种关联，而不是因果关系。也就是说，我们可以说男性首席执行官低沉的声音与他们的地位之间存在联系，但不能说低沉的声音造就了这种地位。

求职者无法控制自己的外表、脸形和音调这些特质。然而，在某些情况下，当求职者觉得自己的声音或长相可能会降低自己被雇用的机会时，主动提及这些因素可能会有所帮助。在一项研究中，研究人员向测试对象展示了一些漂亮女性的简历和照片，这些女性都是建筑行业中典型的男性化工作的求职者。在一些简历中，求职者写道："我知道自己看起来不像一个典型的建筑工人，但是……"接着她描述了自己能够胜任工作的素质。在对照组中，求职者只描述她的素质。与对照组相比，那些承认自己长相与典型建筑工人不一致的求职者得到的评价更高，也被认为更适合这份工作。

主动提及它吧

如果你知道自己外在的某些方面，比如高音调或娃娃脸可能不利于别人对你的评价，那就在面试或谈话中提及这些因素。你可以说："我知道我的长相不成熟，但这与我的职业素养和从事管理工作的资格没有关系。"如果你直接说出来，人们可能就不会太受这些无关的外貌特征的影响，对你的评价会更公正。

人们在工作中不断对他人做出判断，不仅涉及与工作相关的面试，还包括各种日常活动。我们对同事、上司和员工做出判断，对他们的统治力、智力和领导能力有自己的看法。

本章所探讨的研究结果令人担忧，需要面试官和决策者仔细考虑。在一个完美的世界里，我们会以完全客观的方式评判对方，忽略不相关的细节，因为这些细节可能难以让我们对一个人的优点或缺点做出客观评价。研究发现，表象之下，许多不相关的因素在起作用，比如外表的吸引力和音调会影响我们的判断。根据这些与工作素质无关的生理特征来决定雇用与否，不仅对求职者不公平，也会有损公司的利益，因为这样无法找到最合适的人才。只有看到这些因素，才能做出更好、偏见更少的判断和决策。

第三部分

如何培养好习惯，让工作更高效？

第十一章
手机可以帮助我们缓解工作压力?

手机如此方便，它也因此成了麻烦。

——村上春树

你早上醒来做的第一件事是什么?好吧，或者问第二件事是什么，在你刷完牙之后。很多人会回答是看手机。我知道自己醒来后做的第一件事就是查看邮件和信息。我会看与工作有关的邮件、学生的提问和作业、来自任职委员会的阅读材料。就这样，我不自觉地在早上6点醒来后就开始工作。当我准备迎接新的一天，喝早上的咖啡时，会再一次检查电子邮件和信息。

最新的技术已经改变了世界和工作场所的游戏规则，体现在制造、通信、改善工作条件、节省时间、提高生产力等方面。

进入新千年以来，我们从很多方面受益于技术。公司以全新的方式开展业务，而这在几十年前是无法想象的。机器、计算机、高级通信、人工智能、机器人技术等新技术不断涌现。这些都带来了简化的成本、即时反应时间、更高的产出和生产效率等。

科技使得如今更多的人可以在家工作，保持灵活的工作时间，避开交通堵塞。毫无疑问，技术进步已经改变了我们的生活，使我们的工作更方便和高效。然而，科技也有负面影响，人们面对面的交流减少，不利于人际关系。这方面的文献日益增多，科技的社会影响已经超出了本书的讨论范围。

仅仅是智能手机就已经改变了一个星球。今天，世界上的大多数人都可以随时与外界保持联系，有了手机，我们动动手指就可以实现多种功能，其中一些功能可能对工作是有帮助的，也可能会分散我们的注意力。本章将详细探讨。

工作中智能手机的影响

无论走到哪里，我们总是看到人们在看手机。他们可能正忙于收发邮件、听音乐、网购、浏览 Instagram（照片墙）、查看新闻、餐厅订位、查看股票行情，或者只是在和朋友或家人聊天。我们在教室、餐馆、电影院等很多时候都会看到人们的这种行为，在工作的时候也是一样。2007 年智能手机销量约为 1.2 亿部，而 2019 年的销量为 15.6 亿部。根据华盛顿皮尤研究中心的数据，2018 年 81% 的美国成年人拥有智能手机，其中 30 岁以下的年轻人智能手机拥有率高达 96%。

《时代》杂志的一项调查显示，84% 的受访者表示，他们一天都离不开手机，50% 的人表示睡觉时手机就放在身边。我们大多数人都熟悉找不到手机的那种特殊的恐慌感。在不久前的一次晚宴上，我们都入座等待最后一位客人的到来。她迟到半小时的理由是，她快到的时候发现自己忘了带手机，于是又回家去拿。我问她是否在等一个重要电话，或者家里是不是有人生病了，她说没有，就是不能不用手机，哪怕就两小时。这就是所谓的“无手机恐惧症”，这种现象包含了焦虑的四个方面：害怕无法沟通、害怕失去联系、害怕无法获取信息、害怕放弃便利。

我们很有必要讨论智能手机的使用，因为手机和网络已经改变了我们的工作方式、工作地点和工作时长。智能手机一方面让我们在工作中更加灵活，因为我们在家里甚至走在街上都可以回答和处理问题；但从另一方面来看，它让我们很难在非上班时间脱离工作。最近的研究表明，这对我们的健康有负面影响。

持续使用智能手机处理工作问题会增加人的压力。员工感受到社会压力，要随时待命，回应与工作相关的问题。瑞典劳动生活和社会研究理事会资助的一项研究发现，经常发短信（不一定与工作有关）与压力和睡眠障碍相关。在这项研究中，年龄为 20 ~ 24 岁的 1 万名男性和 1 万名女性回答了有关智能手机使用情况的问题，包括每天接打电话和收发短信的数量。他们也被问及一些习惯，比如是否会因为手机而在晚上醒来，以及压力和睡眠障碍等。一年后，他们再次回答同样的问题。研究结果表明，全天候待命与压力和其他心理症状（如抑郁）有关。

一些研究人员将过度使用智能手机称为智能手机成瘾，与其他成瘾行为类似，过度使用智能手机也会干扰日常生活。最近德国进行了一项研究，262 名测试对象填写了一份包含 10 个项目的调查问卷，衡量他们是否智能手机成瘾。他们对诸如“因为使用智能手机耽误了计划好的工作”和“因为过度使用智能手机而感到疲倦和睡眠不足”等条目打分，打分范围为 6 级量表（从非常不同意到非常同意）。此外，他们还回答了几个关于工作效率的问题，评估他们在过去 7 天里由于各种原因耽误的工作。研究人员发现，智能手机成瘾与工作效率之间存在中度负相关关系。

一些公司试图保持生活和工作之间的界限，而在另一些公司，常规的做法则是即使是在家里，也要随时待命。许多研究发现，下班后脱离工作状态与健康和幸福感呈正相关。德国曼海姆大学的工作与组织心理学教授萨比娜·索内塔格发现，人们在工作时间之外与工作的心理距离越远，越不会感到疲惫。

手机、睡眠和压力

很多人从早上醒来到上床睡觉一直在使用手机，这样做是有代价的。在挪威和美国的学者进行的一项研究中，一组测试对象在睡觉前用 iPad 阅读 4 小时，而另一组则阅读纸质书籍 4 小时。五个晚上后两组交换。结果显示用 iPad 阅读的人入睡所用的时间更长，快速眼动睡眠时间也会减少。研究人员得出的结论是，平板电脑发出的蓝光会对睡眠产生负面影响。另一项最新的研究发现，睡前看屏幕的时间越长，入睡所需的时间就越长，睡眠质量也越差。

另一项由佛罗里达大学克洛迪娜·拉纳吉主持的研究发现，晚上使用智能手机不仅与睡眠不足有关，还会影响第二天早晨的精力和工作投入程度。在实验中，测试对象要说明自己是否同意某些陈述，比如“现在，我需要花费很多精力来专注于某件事”和“今天工作时，我忘记了周围的一切”。由于缺乏睡眠、精力殆尽，深夜仍在使用智能手机工作的人，对工作的投入程度较低。事实上，研究发现，这些影响是使用智能手机所特有的，比电脑、电视和平板电脑等其他屏幕设备的影响更大。这些结果表明，我们应该考量一下在深夜使用智能手机的代价。有时在夜间工作和应对各种问题是必要的，但最好不要经常在深夜处理手机上的工作问题，因为代价是第二天的精力损耗。

睡前使用智能手机不是睡眠不足的唯一原因。如果早晨上班前你就觉得很累，这里有一些实用的建议。如果你能控制自己的日程安排，那么在你困倦的时候试着选择那些比较容易上手的任务。另一个方法是，如果你感到昏昏欲睡，不要长时间投入在同一项任务上。休息大约 15 分钟，能够帮助你在重新投入工作时表现得更好，也可以喝点咖啡或含咖啡因的饮料。在犯困的时候，做些需要和其他人合作的工作，也会有帮助。

另外，一些研究人员认为，智能手机可以提供一种修复体验，缓解工作压力。研究表明，电影、电视和电脑游戏等媒体也有积极的作用。在工作中，我们必须抽空休息“充电”，从工作中抽离出来，以此恢复被消耗的心理资源，否则我们会感到疲惫和压力。智能手机提供了抽离和放松的机会，无论是听音乐、玩游戏，还是其他帮助我们从工作负荷中恢复的活动。

个人心理学实验室

以你自己作为唯一的研究对象进行一项小型研究。接下来的三天，在关灯睡觉前至少一小时不要看屏幕（手机、iPad 或电脑）。你可以阅读或书写，但不能对着屏幕进行。那么，没有了你最爱的屏幕，熄灯后你会比之前入睡快吗？看看第二天早上你是否感觉没那么疲惫了。

再试试这个：当你需要完成一项需要注意力和认知功能的任务时，关掉手机一小时，把它放在完全看不见的地方。你会看到自己表现得更好了。

手机与认知表现

智能手机对我们的认知表现有什么影响呢？我们在与人交谈时，经常会查看或回复信息、电子邮件等，这肯定会影响我们的注意力（我相信你也对这个恼人的习惯很熟悉，这种行为非常普遍，现在甚至有了一个确切的名称：低头族，就是因手机而冷落他人）。以我自己的经验来看，当我在电脑前工作时，如果手机就在身边，我很难忽视短信，但大部分短信都与工作无关。这会影响我对工作的专注力。

来自滑铁卢大学的一组加拿大研究人员进行了两项研究，他们让几家公司的员工估算自己使用手机的时间，并完成几项认知任务。那些自述频繁使用手机的人在各种认知任务中都表现得比较差。研究人员将他们的文章命名为《口袋里的大脑：智能手机被用来取代思考的证据》。

我不允许我的学生在课堂上使用智能手机，但我知道我没办法完全控制他们。两名专门研究儿童健康和福利的美国研究人员发现，大约三分之二的学生表示，他们在上课和学习时使用电子媒体。几项研究考察了智能手机对学生学业成绩和焦虑感的影响。他们让本科生填写几份问卷，其中包括衡量生活满意度、焦虑度和手机使用情况的问题。更具体地说，他们被要求估算自己每天使用手机的总时间，并考虑除听音乐外的所有用途，还要估算发送和接收短信所花的时间。结果显示，自述使用手机较多的学生，学业成绩较低，焦虑量表得分较高。这些结果是重要的，并对工作有借鉴意义。人们使用手机越多，注意力就越不集中，多任务处理在某种程度上会降低人们的认知表现。使用手机的时长也与焦虑有关，然而，也可能是相反的情况，也就是说，人们越焦虑，他们发短信和使用手机就越频繁。

其他研究也发现了类似的结果，自述在课堂上使用手机的学生的成绩低于不使用手机的学生，即使用手机时长与学业成绩之间存在负相关关系。

智能手机肯定会影响我们的认知功能和行为。然而，衡量智能手机对我们认知功能的影响的纵向研究仍然有限，我们还需要更多的研究来检验智能手机对注意力、记忆和延迟满足的影响。纵向研究很可能会证明使用智能手机的长期影响。研究显示，沉迷网络或智能手机的人的大脑会发生一些变化，但需要更多的研究来明确这一影响。我们知道收发和阅读短信会影响我们的认知表现，然而，一些非常有趣的研究表明，仅仅是手机的存在就会影响我们的表现——即使我们不去主动使用它。

在一项研究中，测试对象听了 20 分钟的 TED 演讲。他们被分成四组：其中第一组被允许在听演讲期间出于学习目的使用手机；第二组被要求将手机调成静音模式，听演讲时不能使用手机；第三组被要求在进入讲座场所前交出手机；而第四组则没有得到任何关于手机的指示。在演讲过程中，研究人员发送了几条短信以分散测试对象的注意力。测试对象需要在讲座结束后回答一些问题，以检验他们通过讲座学到了多少，结果是交出手机的那组表现得更好。

在另一项研究中，测试对象要完成两项衡量注意力和灵活性的认知任务，每个任务有两个难度等级。当研究人员向测试对象解释任务时，一名测试对象的桌子上放着手机和秒表，另一名测试对象的桌上则放着笔记本。然后研究人员拿起秒表，假装不小心把手机和笔记本忘在了桌子上。结果非常有趣，对于难度高的任务，相较于桌上放着笔记本的测试对象，桌上放着手机的测试对象的表现明显更差（也就是说测试对象也会受到其他人的手机的影响）。

加州大学圣地亚哥分校（我最喜欢的城市）和得克萨斯大学的研究人员最近进行的一项研究清楚地表明，智能手机的存在会导致被他们称为“思维枯竭”的现象。在他们的实验中，548 名测试对象被分配到以下三种状态中的其中一种。“书桌状态”的测试对象被要求把他们的物品放在实验室外面，但要带上手机，因为他们在随后的学习中会用到它，手机要放在书桌上。“衣兜/包状态”的测试对象将他们所有的物品带到实验室，并将手机放在他们通常放置的地方：大约一半的人把手机放在兜里，另一半放在包里。“另一个房间状态”的测试对象被要求将所有物品（包括手机）留在实验室外面。然后测试对象需要完成几项认知任务，例如，给一个不完整的图像阵列选择其缺失的元素，或者在解决几个数学问题的同时必须记住某个特定的字母序列。结果表明，仅仅是手机的存在就会影响测试对象的表现。把手机放在另一个房间的测试对象比另外两组表现得都好。把手机放在口袋或包里的测试对象的表现介于其他两组之间。有趣的是，当测试对象被问及手机的位置在多大程度上影响了他们的表现时，组间并没有差别。然而，即使测试对象在实验中没有使用手机做任何事情，把手机放在桌子上的测试对象可能也会瞥一眼手机查看信息，担心自己遗漏了信息和电话。因此，研究人员进行了第二次实验，并增加了一个条件：开关机。在每种状态下，一半的测试对象把手机调成静音状态，另一半关机。结果表明，开关机没有影响。不管手机是开着还是关机，它的存在都会影响人的认知表现。与第一个实验结果相似，“另一个房间状态”组比“书桌状态”组表现好（无论关机与否）。所以，即使关机，手机的存在也会对认知表现产生负面影响。研究人员认为，我们需要使用注意力资源来避免自动去关注手机，而这损害了我们完成手头工作任务的表现。这是惊人的发现，我们知道使用手机会影响我们的注意力，但这些结果表明，智能手机只是放在那里就足以削弱我们的认知表现。

电子邮件

电子邮件是如今使用最广泛的职场沟通工具。2013 年，绝大部分的电子邮件是商务电邮，每天收发的电子邮件数量超过 1000 亿封。2017 年，每天发送和接收的电子邮件达 2900 亿封。使用电子邮件让工作交流变得更容易，也更省时。人们可以将长篇幅手稿、大像素图片和其他大型文件发送给远在他乡的人，这些材料能够立刻到达对方手中，也会很快收到答复。只需轻轻一点，电子邮件或短信就可以发送给很多人。无须闲聊，而且不像面对面的交流，信息不会被诸如外貌等外部因素干扰。电子邮件确实是一种快速便捷地开展业务的方式，方便我们与同事和客户保持联系，但它在沟通和工作效率方面也不是没有缺陷。

这是你真正想表达的意思吗？

一位律师事务所的年轻实习生要跟她的老板一起处理一个案件，任务是在一周内审阅材料并写一份报告，但她多花了几天时间。她收到了老板的邮件，上面写着："感谢你这么努力地工作。"由于报告交迟了，她不确定这条信息是否带有讽刺意味，她也不好意思问。一个月后，当老板再次称赞她工作努力时，她终于鼓起勇气问了一下，实际上那封邮件完全没有讽刺的意思，老板真的是想夸奖她。

非语言交流，如肢体语言和语调，能提供重要的信息，而这些信息在邮件中是缺失的，没有这些线索很容易产生误解。例如，幽默可能会被解读为严肃的内容，而意在表达尊重的信息可能会被解读为缺乏敬意。

在工作中，除非发送者意识到这一点，否则模棱两可的信息会引起误解，并可能导致严重的问题。人们可能会在不知原委的情况下因误解而失去客户或生意。在纽约大学商学院教授贾斯汀·克鲁格的带领下，研究员进行了一系列实验，比较语音信息和电子邮件传达讽刺、幽默和严肃内容的能力。不出所料，他们发现语音信息比电子邮件更能有效地传达这些情绪。与阅读文本信息相比，测试对象在听信息的时候能更准确地识别出讽刺和幽默。在一项实验中，研究人员给测试对象一张清单，上面有20条关于天气、食物和约会等话题的陈述。其中一半是讽刺的，一半是严肃的。例如，关于约会，严肃的陈述是“我不喜欢第一次约会”，讽刺的陈述是“我真的很喜欢约会，因为我喜欢难为情和自卑的感觉”。测试对象要选出十个他们认为最容易判断出具有讽刺意味的陈述，然后把这些陈述发给另一个测试对象，由他们来判断是不是讽刺。一半的测试对象被要求打字录入这些陈述，另一半则被要求用录音机记录下声音。然后，他们要预测有多少句子可以被对方正确识别为讽刺的陈述。结果清楚地表明，听到这些信息的人比读到信息的人能更准确地识别出讽刺。关于幽默的实验结果是相似的。这些发现并不令人惊讶，但还是有一个有趣的发现：发送书面信息的人会过于自信地认为他们的信息会被正确解读。换句话说，在电子邮件交流中，接收方并不总能以发送者期待的方式觉察信息中的情绪，但发送信息的人往往过于自信，不会意识到这一事实。研究人员认为，我们往往以自我为中心，认为如果自己知道信息是讽刺或幽默的，对方也会理解。然而，人们不仅从文字中，还要从非语言交际、声调、面部和肢体表达、停顿和手势等中发现讽刺或幽默或其他情绪。因此，在没有这些线索提示的情况下读取信息很容易被误解，而发送信息者对此却并不知情。

再看一遍：反复检查以避免双重麻烦

在发送邮件之前一定要检查一下。如果想要表达讽刺或幽默，

更要反复检查措辞。如果没有得到回复，不妨打个电话确认你的意思有没有被误解。

电子邮件与工作效率：一把双刃剑

我还记得没有电子邮件时的感觉。我把我写的每一篇论文都打印出来，邮寄给期刊编辑部。几周后，我每天都会到学院里去查看邮箱好几次，看有没有期刊编辑的来信。有时等一两个月，信终于来了，我继续和编辑通信，每次都通过航空邮寄，然后又是数周的等待。如今，我通过电子邮件发送了一篇文章，立即得到确认，并在文章审核后即刻得到回复。

毫无疑问，电子邮件以很多方式提高了工作效率。即时的反馈比两个月后给出的反馈更有效。然而，电子邮件交流也有缺点，对即时回复的期待可能会让你非常紧张，并且会打断你的工作节奏。一收到邮件就立即回复需要任务切换，这既耗时又降低了工作效率。对许多人来说，电子邮件过载已经成为一个严重的问题。电子邮件让人们在工作中分心，回复邮件可能会干扰手头必须完成的更重要的任务。毫无疑问，当你试图把注意力集中在一项特定任务上时，无论是在阅读文件还是解决难题，收到的信息和电子邮件都会干扰你。专心做项目的时候最好不要查看邮箱，每隔一小时左右给自己来一段“查邮件小憩”。

谈判中的决策受到认知和情绪的双重影响，而很多谈判协商都是通过电子邮件进行的。一方面，通过电子邮件传达的情绪可以被更好地控制，因为信息可以在发送前被重新阅读和审查；另一方面，它也可能造成误解。因此，在发送邮件之前要仔细检查，问问自己，邮件中传达的情绪是否也能让对方清晰理解，添加一个表情符号可能会有所帮助。如果对方没有回复，或者回复中你看出可能存在的误会，那就拿起电话，一定要澄清你的本意。

休息一下！

如果你不是在等一封非常重要的邮件，可以在专心工作一小时后的休息时间查看邮件。在这一小时内不查看邮件，只专注于你的工作。试一试，很快就会发现这样能提高你的工作效率。

是的，电子邮件和短信使我们的生活更轻松，但有时，你仍然需要交谈，有时也需要休息。我们知道科技对生活和工作的许多方面都很重要，但它也会干扰我们的注意力，使沟通变得复杂，扰乱我们的睡眠。有一些相对简单的方法可以减少这些干扰，如果你不是在等一个重要的电话，那就把手机放在一边或关掉它。如果在工作中处理一些需要专注力的事情，最好把手机放在其他地方，这样工作效率会更高。确保你的家人知道你公司的电话号码，这样他们就可以在紧急情况下联系你，你就可以不那么依赖手机了。研究已经表明，手机只是放在那里就会对我们的专注力和认知表现产生负面影响。

有几个应用程序可以帮助你控制智能手机的使用。例如，一款名为 Moment 的应用程序会跟踪你使用手机的时间，如果你看手机太多，它会向你发出通知。这样，你可以从智能手机的优点中受益，同时仍然有时间花在其他事情上。另一款名为 AppDetox 的应用程序可以让用户定制智能手机的使用方式。例如，你可以在工作时间限制某些用途，只留下电子邮件，或者你可以在想要放松的时候限制电子邮件的使用。

记住，我们的电子设备在带来便利的同时也会伤害我们，学会有选择地使用手机及有意识地查看电子邮件。

第十二章
工作的时候应该来点音乐？

音乐是情感的缩写。

——列夫·托尔斯泰

几年前，我在墨西哥普埃布拉的一个叫“灵感之城”的很有趣的会议上做了一次演讲，这次会议展示了科学、艺术、政治、商业、娱乐等领域的创新理念，演讲者有诺贝尔奖得主、杰出的科学家和作家，以及奥斯卡奖项提名者等。会议期间，我们参观了由卡多·萨利纳斯·普里戈创办的青年管弦乐队，他是墨西哥阿兹特卡电视台的老板。这个乐队是墨西哥众多管弦乐队中的一个，它为许多年轻人提供了很好的机会，让他们在经历过暴力后依然有所寄托。孩子们每天都在练习，我有机会看到他们练习并在会议上演出。对我来说，看到这些孩子及他们表演时的情感，是一段激动人心的经历。音乐赋予他们力量，给予他们全新的、动人的、令人兴奋的体验。也并非只有表演者的心弦被拨动，在演出中，我从观众们的表情上看得出他们是多么感动。

音乐的影响并不局限于音乐家，音乐对许多人都很重要，为人们的生活提供了出路、框架，甚至意义。音乐在日常生活中无处不在，对许多人来说是生活的重要元素。

我相信大多数人听音乐时都有一种放松的感觉。的确，音乐具有疗愈作用，它使我们的情绪更加舒适和放松，可以减少焦虑和压力，降低血压和心率。在结肠镜检查或膝关节手术前听音乐，能够减轻患者的焦虑。音乐还可以帮助遭遇各种紊乱和障碍（比如创伤后应激障碍）的人减少焦虑，促进社交和自我表达。

音乐疗法也有助于恢复左脑受损后的言语功能。2011 年 1 月 8 日，美国国会女议员加比·吉福兹，在亚利桑那州超市停车场举行的选民会议上遭枪击。她的左脑受损，不得不重新学习说话，而她正是通过音乐完成了这一过程。美国广播公司在节目《20/20》放出了一段非常动人的关于加比的视频，当她无法说出想说的话时，我们可以看出她的沮丧，然后她和治疗师一起唱“让它发光，让它发光”,突然间她就能说出话了。语言中枢位于大脑的左半边，而左脑和右脑都可以处理音乐。音乐疗法能激活大脑，大脑有能力在受损区域周围重新架设新的神经回路，并在右脑创造一个新的语言区域。

文字不足以强调音乐在我们生活中的重要性。但是音乐对工作有什么影响呢？许多人不仅在闲暇时间、开车或锻炼时听音乐，在工作时也需要音乐相伴。2006 年的一项调查发现，80% 的员工在 35% 的工作时间会听音乐。在一些办公环境中，工作时间有背景音乐播放。在其他情况下，我们可以选择听音乐的时间和音乐类型。在工作中听音乐很轻松，也很诱人，因此我们需要了解它的影响。

几年前，我写了《感官心理学》一书，阐述了身体感觉对我们的行为、情绪和认知的影响。这本书出版后，我经常被问及音乐对我们认知和工作表现的影响。我们应该在工作的时候听音乐，还是只能在休息的时候听？所做的工作内容和所听的音乐类型有关系吗？这些问题的答案绝不简单，需要考虑综合因素的作用。让我们深入研究一下这个复杂的问题吧。

莫扎特效应：听古典音乐会让你更聪明吗？

大约 25 年前,研究人员介绍了一种被他们称为“莫扎特效应”的现象。他们发现，那些听了十分钟莫扎特 D 大调双钢琴奏鸣曲（K.488）的学生，在认知任务上比听放松指令的学生，或只是安静坐着的学生表现更好。这一发现引起了广泛关注。然而，后来的研究表明，音乐本身并不能直接影响认知表现——还有更复杂的机制，它与音乐如何影响我们的情绪有关。

情绪反应包括两个维度:情绪和强度。我们可以处于积极（如快乐、愉悦）或消极（如悲伤）的情绪中，这种情绪可以用高唤醒和低唤醒来描述。情绪是一种心理状态，但也涉及生理反应。当情绪强烈时，它会使我们的心血管、内分泌和呼吸系统产生巨大变化，我们的心率、血压和肾上腺素水平都会升高。例如，我的一位朋友曾经告诉我，她和同事参加了一个专业会议，她的想法和建议都被拒绝，所有人都对她不予理会。她非常难过和生气，当她告诉我这件事的时候，竟然哭了起来。这是一个高唤醒强度的消极情绪（愤怒和沮丧）的例子。在其他情况下，你可能感到低唤醒强度的愤怒或悲伤。我认识的一个人曾经在一场音乐会结束后请求搭我的车回家，一整天下来我真的很累，想直接回家，但她知道我会等她，就站在那里和朋友们聊天。我有些心烦和生气，但这种情绪的强度和唤醒度都很低。当她聊完天要跟我走的时候，我几乎忘记了刚刚的情绪。这两种情况都引发了愤怒，但在第一个例子中，愤怒要强烈得多。再举一个关于积极情绪的例子，当你度过了一个愉快的工作日，回到家和家人共度美好夜晚时，你会感到开心，这是低唤醒的积极情绪体验。当你得知自己职位高升，或被一所著名的大学录取，或得到了心仪已久的工作时，你也会很高兴。这是高唤醒强度的积极情绪的例子，你的生理反应也能够证明情绪的强度和唤醒水平。你感到自己心跳加速，甚至难以呼吸，有时你都想跑到大街上大喊自己是多么快乐。

一些研究人员提出，音乐并不直接影响认知表现，而是影响听者的情绪和唤醒程度，这可以影响人们在一些认知任务中的表现。

来自多伦多的三位心理学家想要测试情绪是如何在莫扎特效应中发挥作用的。他们研究了听不同类型的音乐是否会引发不同的情绪，从而对认知表现产生不同的影响。测试对象被分为三组：一组听莫扎特的 D 大调双钢琴奏鸣曲十分钟，一组听阿尔比诺尼的 G 小调管风琴弦乐慢板十分钟，第三组则静坐十分钟。如果你对这两首曲子不熟悉，可以花点时间在网上听一遍。你马上就会注意到莫扎特的曲子旋律欢快，而阿尔比诺尼的曲子缓慢而悲伤。然后，研究人员向测试对象展示了一些折叠过几次的物品，并要求他们说出每个物品展开时的样子——这是一项测试他们空间想象力的认知任务。此外，他们还回答了有关情绪的问题，并对他们的情绪唤醒程度进行了评估。结果显示，听莫扎特奏鸣曲的测试对象的确比静坐组表现得更好，听阿尔比诺尼音乐和静坐组的表现无明显差异。此外，与听阿尔比诺尼乐曲的一组相比，听莫扎特奏鸣曲的测试对象有明显的积极情绪和唤醒度，消极情绪则更少。这样看来，增强唤醒度和积极情绪的音乐似乎会影响我们的认知表现。

在一个类似的实验中，要求测试对象听十分钟莫扎特或阿尔比诺尼的音乐后完成一项认知任务。这一次，他们要完成一份智商测试的分量表，并填写一份关于情绪的调查问卷。听莫扎特的测试对象比听阿尔比诺尼的表现更好。然而，这只适用于听音乐导致情绪和唤醒度差异的情况。换句话说，只有当听莫扎特减少了消极情绪、提高唤醒水平，而听阿尔比诺尼增加了消极情绪、降低唤醒水平时，才会出现认知表现的差异。

近期的一项研究检验了音乐对创造力的影响，584 名学生被分为三组：其中两组听的是之前研究中使用的莫扎特和阿尔比诺尼的乐曲，以引发积极或消极情绪，对照组不听任何音乐。然后他们进行了创造力测试。结果清楚地表明，与对照组相比，听音乐（积极或消极）的两组在创造力测试中的表现都有所提高。这些结果表明，至少对于创造力而言，影响表现的可能是唤醒度而不是情绪。我们在开始工作之前听某些类型的音乐，我们的工作表现会提高。似乎音乐可以作用于我们的情绪反应，这些情绪反应反过来影响我们的认知表现和创造力。那当我们在工作的同时听音乐呢？背景音乐如何影响我们的认知表现呢？

背景音乐

许多人常问的一个问题就是工作时听音乐到底好不好，应该在工作环境中放背景音乐，还是坐在电脑旁工作或学习时听音乐，还是在没有音乐的安静环境中工作更好？其实并没有一个一刀切的简单答案。

1940 年，英国广播公司推出了一档名为《工作时来点音乐》的广播节目。在此后的几十年里，许多学者研究了背景音乐对我们的认知能力、记忆和学习能力的影响，他们的结论并不一致。

一些早期的研究考察了背景音乐对工业环境中员工的表现和态度的影响。例如，1966 年的一项研究在一家滑板制造工厂进行，考察了音乐对装配线人员的表现和态度的影响。连续五周，每周四天播放不同类型的音乐，第五天则不播放音乐。研究人员没有发现音乐对员工生产的质量和数量有任何影响，但工人们表示很喜欢听音乐。然而，五年后另一个研究小组发现，对于那些从事短周期重复性质量控制工作的员工来说，音乐对他们的工作表现有积极的影响。1995 年的一项研究发现，在工作中使用耳机连续四周的员工，与没有听音乐的员工相比，表现和满意度有所提高。

在后来一项更深入的研究中，音乐教育和音乐疗法教授特蕾莎·莱西乌克研究了音乐对软件开发人员（来自加拿大的四家公司）的影响。他们的工作需要创造力，而且绝对不是重复性的。与之前的研究不同，员工们选择了自己喜欢的音乐。莱西乌克的调查持续了几个星期。研究的第一周是基线周，测试对象被要求保持他们平时在工作中听音乐的习惯。在第二周和第三周，研究人员在工作场所放置了一个音乐库，里面有各种类型的音乐，员工们可以随时听音乐。他们可以在自己的办公小隔间里（用耳机）听音乐，也可以用自己的个人播放器放音乐。第四周，研究人员移除了音乐库，并告知员工们在工作日不可以听音乐。第五周，研究人员将音乐库重新放了回去。结果非常有趣，不可否认，听音乐增强了员工的积极情绪。第一周到第三周，他们的积极情绪有所增加；第四周，当他们不能听音乐时，积极情绪就下降了；第五周，重新开始听音乐，员工们的情绪再次得到改善。研究团队还进一步检验了他们的工作质量，发现在第四周，也就是不听音乐的那一周，工作质量明显有所下降，而重新开始听音乐后，工作质量得到了提升。此外，当员工们不听音乐时，他们完成工作任务需要花更多的时间。这样看来，听音乐时，这些计算机软件开发人员的情绪更好，工作质量得到了提升，并且能够更快地完成任务。

还有研究表明，在另一个工作领域——手术室——听音乐也有好处。在手术室里听自己喜欢的音乐对整形外科医生的工作表现有积极的影响。

然而，并不是所有的研究都支持这些结论。许多其他研究已经表明，音乐对一些认知任务的表现有负面影响，如记忆和阅读理解，在安静的环境中完成这些任务表现会更好。

一组研究人员比较了许多关于音乐对各种行为影响的研究结果，以检验背景音乐的效果。这种方法被称为荟萃分析研究。通过比较，他们得出结论：背景音乐对阅读任务有负面影响，对记忆任务有轻微的负面影响。相反，背景音乐对情绪反应和运动表现有积极影响。

那么音乐会提升还是降低我们的工作效率呢？目前这些不一致甚至相互矛盾的发现也并不令人惊讶。回答这个问题必须考虑其他一些因素，比如音乐的类型、节奏、音量、你是否喜欢、任务的类型和复杂度，以及听音乐的人的特性。你在听什么样的音乐是个关键点——古典还是爵士，嘻哈还是重金属，节奏快还是慢。你手头的任务是重复无聊的？是需要注意力的复杂任务、记忆任务、问题解决型任务，还是需要创造性思维的任务？

音乐类型

音乐流派有很多，古典、摇滚、金属、爵士、嘻哈等，音乐也可以是声乐或器乐。研究表明，不同类型的音乐对我们的认知表现和情绪有不同的影响。例如，低音音乐能够增加测试对象的权力感，而某些类型的音乐可以提高抽象思维能力。

一组研究人员将测试对象置于三种音乐条件中的某一种：流行音乐、重金属或古典音乐。与听古典音乐或流行音乐的测试对象相比，听重金属音乐的一组的焦虑程度明显更高，其他两组测试对象则更加冷静、放松，也没有那么焦虑。

振奋人心的音乐能改善我们的情绪，甚至让世界看起来更光明。最近的一项研究发现，测试对象听了令人振奋的音乐后，觉得灰色方块颜色更亮，而在听了悲伤的音乐后感觉灰色方块更暗。

一些研究考察了不同类型的音乐对阅读理解的影响。例如，在中国台湾文藻外语大学的一项研究中，133 名学生阅读三篇不同主题的文章，并完成一些问题。学生们被分为三组：对照组在没有背景音乐的情况下完成阅读理解任务，一组听古典音乐，另一组听时下流行的嘻哈歌曲。听流行的嘻哈歌曲会降低认知表现（古典音乐不会），没有背景音乐的对照组和古典音乐组之间没有差异。然而，与对照组相比，听嘻哈歌曲的测试对象阅读理解表现较差。

另一项研究也考察了背景音乐对阅读理解的影响，但不是比较两种不同类型的音乐，而是改变了同一种音乐的节奏和强度。像前面提到的许多研究人员一样，这个研究选择了莫扎特的 D 大调双钢琴奏鸣曲，对其节奏和强度进行了调整。总共有四种版本：节奏慢且喧闹、节奏慢且轻柔、节奏快且喧闹、节奏快且轻柔。每位测试对象在听某一版本的同时，阅读一段 4 分钟的文章，然后就这段文章回答几个问题。结果显示，测试对象的阅读理解未受到慢节奏或轻柔音乐的影响，但当音乐节奏快且喧闹时，他们会明显受到干扰。

近期，荷兰和澳大利亚的研究人员合作进行了一项研究，研究了激发不同情绪的不同类型的音乐对创造力的影响。测试对象被分为五组，听不同类型的音乐，这些音乐在之前的研究中已被证实可以引发不同的情绪。第一组听平静的音乐，提高低唤醒的积极情绪；第二组听欢快的音乐，提升高唤醒的积极情绪；第三组听悲伤的音乐，增强低唤醒的悲伤情绪；第四组听焦虑的音乐，引起高唤醒的负面情绪；第五组是无声组，不听任何音乐。结果表明，听欢快音乐的一组测试对象更有创意和原创性的想法。

调整音乐让你的表现更佳

试试这样做：在做一些需要分析或创造性思维的工作之前，休息一下，听几分钟你喜欢的欢快的音乐，它会提升你的认知表现。

在做需要集中注意力的事情时，比如解决问题或理解文本，不要播放欢快响亮的背景音乐或有歌词的音乐，这可能会对你的表现有负面影响，但可以播放慢而轻柔的器乐。

我很喜欢这些音乐，我应该在工作时听吗?

和音乐类型一样重要的是听者的个人喜好。有些人喜欢爵士或嘻哈，有些人喜欢古典音乐，还有一些人喜欢重金属；有些人喜欢放松的音乐，有些人喜欢活泼、振奋或喧闹的音乐；还有一些人喜欢各种类型的音乐。就我而言，我喜欢各种各样的音乐，但如果可以选择，我最喜欢的是古典音乐和20世纪60年代的歌曲。我喜欢听五黑宝合唱团、猫王和甲壳虫乐队的歌，大部分歌词我都知道。我们知道自己喜欢什么样的音乐。我们可以合理地假设，音乐对认知表现和情绪的影响也取决于听者对这种音乐的喜爱度。听喜欢的音乐可以改善我们的情绪，问题是，听喜欢的音乐也能提高我们的工作表现吗?

首先，我们必须区分是在完成某项任务之前还是在任务过程中听音乐。一项研究要求测试对象听一段音乐，这段音乐可能是他们喜欢或不喜欢的、快节奏或慢节奏的。随后，他们要完成一项空间旋转任务，然后测量其旋转某个物体的思维能力。测试对象会看到两个不同的形状，其中一个是经过旋转的，他们要判断这两个形状是否相同。与听慢节奏音乐的测试对象相比，听快节奏音乐的测试对象表现更好。测试对象在听自己喜欢的音乐后表现得更好，快慢两种节奏的音乐都是如此。

如果我们在工作时听自己喜欢或厌恶的音乐呢？来自英国的研究人员针对这个问题进行了几项实验，比较了测试对象在听喜欢或不喜欢的音乐，或者坐在安静的房间里不听音乐的记忆表现。在没有音乐的房间里，测试对象的表现更好。另一项在中国台湾进行的研究将一所大学的 89 名员工分成四组。其中一组在没有背景音乐的情况下进行注意力测试，另外三组则在测试时听音乐：第一组听最畅销的流行歌曲，第二组听五段古典音乐，第三组听中国传统音乐。完成注意力的测试后，测试对象立即按五分制对自己喜欢或不喜欢的背景音乐打分。与坐在安静房间里的一组相比，非常喜欢或非常不喜欢背景音乐的测试对象在注意力测试中表现更差。换句话说，在所有这些研究中，测试对象强烈喜爱和不喜欢的音乐都会分散他们的注意力，对完成任务的表现产生负面影响。总之，这些研究发现表明，在开始工作前听喜欢的或令人振奋的音乐是有益的，但如果在工作中听自己喜欢的音乐，反而有害，会降低我们的工作效率。

这些结果并不完全出乎意料。众所周知，积极的情绪与认知表现和生产力相关。喜欢的或令人振奋的音乐能带来好心情和情绪唤醒。因此，在开始工作前听一些喜欢的或令人振奋的音乐，会增强你的积极情绪和兴奋感，从而提升工作表现。相反，在工作时听这种音乐可能会分散你的注意力，尽管它能改善你的情绪。相比安静、陌生但愉快的音乐，你喜欢的背景音乐可能更会吸引你的注意力，干扰你完成某些需要全神贯注的任务。最好的背景音乐是那些不会引起员工强烈喜爱或厌恶感受的音乐。

然而，休息的时候一定要选择你喜欢的音乐。从椅子上站起来，喝杯咖啡，或者站着听听音乐。我喜欢工作间隙休息片刻，站起来或拉伸一下，喝杯咖啡并且听猫王或披头士的音乐。有时我一个人在房间里甚至会跳舞，这给了我重新投入工作的能量。根据我接下来要做的任务，我会关掉音乐或放一些其他类型的东西。

声乐还是器乐

另一个可能的影响因素是：器乐还是带有歌词的声乐？几项研究发现，声乐比器乐更会分散人们的注意力。例如，一项研究将一些四年级的孩子分成三组，并给他们一项记忆任务。完成这项任务时，一组听器乐，一组听声乐演唱，一组不听音乐。表现最好的是听器乐组，最差的是听声乐组。也就是说，在记忆任务中，器乐对测试对象完成任务表现有积极影响，声乐有负面影响。另一项在日本进行的研究比较了听声乐、器乐、自然音乐（潺潺流水声）和不听音乐的学生在几项认知任务中的表现，结果显示声乐和器乐对任务表现的负面影响都很大，但声乐被认为是最恼人、最让人分心的。看来至少在某些任务中，带歌词的音乐可能是不利的。

然而，歌词可能不仅会分散我们的注意力，还会以非常有趣的方式影响我们的情绪和行为。

歌词的影响：亲社会性质的歌词会使我们更乐于助人吗？

当你听到披头士在歌中呼喊“救命！”，你的行为会受影响吗？你觉得这首歌会比另外一首中性的歌更能激发你乐于助人的品质吗？几位研究人员调查了这个问题，他们想知道听带有亲社会性质歌词的歌曲是否会增加助人行为。例如，两项不同的研究都让一些学生听歌曲《救命！》或《我们就是世界》，其亲社会性质的歌词包括“我们是创造更美好未来的人，所以让我们开始给予吧”，或者听一些中性的歌曲，如斯汀的《英国人在纽约》。听完歌曲后，研究小组的一名成员走进房间，假装不小心把一个装着 20 支铅笔的盒子掉在地上。实验记录下有多少测试对象帮忙捡起铅笔，结果显示听亲社会性质歌曲的人明显捡起了更多铅笔，他们更乐于助人。在另一个实验中，测试对象在听过亲社会歌曲或中性歌曲后被告知有一位学生需要确定论文选题，并询问他们是否愿意帮助并参与其研究。在那些听亲社会性质歌曲的人中，有68%愿意帮忙，而听中性歌曲的测试对象中只有28%愿意帮忙。在另一项类似的研究中，测试对象在听完歌曲后，得到两英镑作为参与奖励，并被告知他们可以将这笔钱捐给非营利组织。在那些听亲社会性质歌曲的人中，53%的人选择捐款，而听中性歌曲的人只有31%选择捐款。很神奇吧！一个法国研究团队在几家餐馆进行了实地调查。在餐馆里，他们播放亲社会性质歌曲或中性歌曲，并记录下客人们给小费的情况。听了亲社会性质歌曲的客人比听中性歌曲的人留下了更多的小费。这些研究清楚地表明，听亲社会性质的音乐会增加助人行为。

即使是没有歌词的器乐也会影响我们的助人行为。在两个体育馆进行的一项实地研究中，646名学生在锻炼时听振奋或恼人的音乐。令人振奋的音乐是快节奏的流行单曲，而恼人的音乐是前卫的计算机音乐。他们完成锻炼后，研究人员请他们发传单来增加人们对一个虚构的体育慈善机构的了解，改善残疾人参加体育活动的便利性。听振奋人心的音乐的测试对象更愿意发传单支持慈善事业。由于研究人员没有设置对照组——听既不令人振奋也不令人讨厌的中性音乐，我们不能确定在助人行为上，是令人振奋的音乐产生了积极影响，而非恼人的音乐产生了负面影响。然而，研究结果的确表明，不同类型的音乐会影响我们的助人行为。

这些发现对公司和办公场所都很重要。如果亲社会性质的音乐的确能增加助人行为，那么在员工开始工作前或午餐时间将其用作背景音乐可能会有好处，能够对工作环境的整体氛围产生积极影响。

性格

我们必须考虑的另一个因素是人的性格。对一个人有益的音乐可能会分散另一个人的注意力。有些人能更好地控制自己的注意力，不太会被背景音乐分心。几项研究发现，内向的人比外向的人更容易受到背景音乐的负面影响。格拉斯哥卡利多尼安大学的两位研究人员发现，尽管高唤醒性音乐降低了大多数测试对象的表现，但面对高唤醒性音乐，内向者的表现比外向者更差，受到更严重的负面影响。

音乐与体育锻炼

我常去的体育中心有很好的锻炼课程可以选择：健身课、不同风格的瑜伽、普拉提、有氧课程、水中有氧运动等。显然我没法参加全部课程，我会根据课程的水平和教练进行选择。但是有一节健身课我尽量每次都去，主要原因不是教练，而是课上播放的音乐。那是一种令人振奋、快乐的音乐，我觉得它能改善我的情绪。我有时会感到压力或疲惫，但一走进教室，听着快乐的音乐扭动身体时，我的情绪就会随之变好。

当然，体育健身课的音乐也会因课程内容而异，适合有氧运动课的音乐可能并不适合瑜伽。健身房通常把耳熟能详的流行歌曲作为背景音乐。

对此的研究结果并不完全一致，一些研究表明，音乐对健身和锻炼有积极的影响，从事体育锻炼的人在听快节奏音乐时锻炼强度更大、时间更长。例如，人们一边骑车一边听音乐，在听快节奏音乐时骑得更快，听慢节奏音乐时骑得较慢。其他研究结果表明，在肌肉耐力测试中听音乐的人肌肉耐力时间更长。在短跑间歇训练（短时间的高强度运动结合低强度有氧恢复间歇训练）中，测试对象自己选择的音乐增强了训练表现和享受程度。另一些研究结果表明，背景音乐可以作为外部焦点，转移测试对象对身体疲劳的关注。值得注意的是，在运动表现方面，音乐分散注意力的作用是有益的，而这一作用对认知表现是不利的。

这些研究结果也可以应用到工作环境中。如果你的工作主要是体力劳动（例如建筑、维修、园艺、农业、体育训练、木工等），播放一些背景音乐。音乐会对你的表现有积极影响，并可能提高耐力和速度。你可能会工作得更快，也不会那么累。

音乐的益处很多：它有疗愈的力量，能够减轻压力和焦虑，提升情绪，甚至提高我们的工作表现。但是关于音乐对工作表现的影响，似乎没有一个简单的答案。但有一点是清楚的，在开始工作前或休息时听音乐，能缓解压力、改善情绪。至于音乐对我们工作的影响，必须将这些研究与我们所从事的工作类型，甚至每天从事的特定任务相对照：工作是重复性的，还是需要高度集中注意力和创造性思维的？你是一个人工作，还是和团队合作？所以，音乐是否对你有帮助，取决于你手头的工作。有了这些知识，你就知道休息一下听听音乐，对你的工作表现及在工作中的情绪有积极影响。

第十三章
整洁的桌子代表清晰的思维？

拥有整洁的办公桌毫无意义，因为这意味着你什么都没做。

——加来道雄

我曾在每周二都和一位朋友见面，我们的办公室距离不远，我会过去找她一起吃午饭。每次看到她的办公室我都感到惭愧，因为她的办公室是如此整洁有序，办公桌上只有当天处理的文件，其余的都归档整理妥当。我真的很嫉妒。相反，我也去过很多其他办公室，大多是各种物品堆在桌子上、地板上，我想知道其主人是如何在一堆杂乱中找到要用的东西的。我相信办公室的状况能反映出一个人的很多特点。然而，我想在这里提出的问题是，一个整洁有序或杂乱无章的工作环境会怎么影响一个人的工作表现、决策和行为。

最简单明显的答案是，在整洁有序的工作环境中，确实更容易找到我们想要的东西。凌乱的办公室可能会影响工作效率，因为在特定时刻找到需要的某样东西要花更长的时间。（我从经验中知道这一点——已经数不清有多少次我找不到刚打印好的重要文件了！）我的家人和同事都知道，当我说自己弄丢了本应该在房间里的东西时，他们百分之百确定东西就在房间里，而不是真的丢了。我通常是反复检查抽屉，挪动桌子上的东西，浪费很多时间之后才会找到它。然而，研究表明，有序和无序的环境确实会影响我们，但并不以那么明显和复杂的方式塑造我们的行为。

破窗理论：秩序与道德

首先，我们来考虑混乱无序的影响。“破窗理论”是由两位社会学家在20世纪80年代早期提出的。该理论认为，乱扔垃圾、涂鸦和破碎的窗户等混乱无序的迹象会助长轻微犯罪和扰乱社会治安的行为。事实上，当街道和涂鸦被清理干净，窗户得以修缮后，轻微犯罪的比率显著下降。

之后这一理论便为人所熟知，由此派生的政策也被诸多城市采纳。然而，直到2008年，一组荷兰研究人员才进行了若干实验研究，检验这一理论。这些实验并非在实验室里进行，而是在现实生活中进行的。研究人员创造了两种条件：有序或无序。在一项实验中，当人们来到车库准备取车时，会看到大门的围栏上贴着“禁止通行”的标志，他们被引导到另一个更远的入口。这个围栏实际上是研究人员临时搭建的，他们还贴了一个告示，禁止将自行车锁在围栏上。在有序条件下，围栏附近完全没有自行车。而在无序条件下，研究人员将自行车倚靠或悬挂在围栏上。结果令人惊讶。在无序状态下，明显更多的人（82%）违反了禁止进入的标志，直接从该入口走进车库；而在有序状态下，只有27% 的人违反禁入标志。仅仅是因为自行车靠在围栏上——本不该如此，违反“禁止通行”标志的人数就显著增加，尽管禁入标志与自行车无关。这一结果直接支持了破窗理论。

研究人员进行了另一项实验，这次是在一个用来停放自行车的小巷里。在无序条件下，墙壁被涂鸦覆盖；而有序条件下，墙壁是干净的。研究人员在每辆自行车上贴了一张印有“节日快乐”字样的传单，并等待自行车车主来拿车，看他们是否会漫不经心地将传单撕掉并扔在巷子里。结果再次令人震惊。在有序（墙壁无涂鸦）条件下，只有33% 的人乱扔传单；而在无序条件下，有69% 的人乱扔传单。

在第三个实验中，研究人员将一个装有5 欧元钞票的信封放在一个公共邮筒的边缘，这样信封和里面的钱就会明显地凸出来。实验设置了三个条件：在有序条件下，邮筒上没有涂鸦，周围地面干净无垃圾；无序条件一，邮筒上满是涂鸦但地面干净；无序条件二，邮筒是干净的，但地面上有垃圾。然后，研究人员观察路过邮筒或寄信的人的行为。结果也很清楚。与没有涂鸦和垃圾的洁净环境相比，当邮筒被涂鸦覆盖或地面有垃圾时，偷走信封的人更多。这进一步证实了一个事实，即纵容轻微的不文明行为如乱扔垃圾，可能会导致其他不道德的行为。

其他研究发现，身体清洁度会影响道德感。例如，一项研究发现，与那些坐在没有特殊气味的房间里的测试对象相比，坐在气味清新的房间里的测试对象以更公平的方式分享了他们收到的一笔钱。在第二个实验中，坐在气味清新（喷了清洁剂）的房间里的测试对象，更愿意成为非营利慈善组织“人类家园”的志愿者。

这些研究结果对职场有直接影响。空气清新剂或其他清洁剂的清新气味可以增加互惠和亲社会行为，并在总体上鼓励更多的道德行为——这些都是职场的重要因素。所以，这是彻底清洁你的办公室的另一个原因，而不仅仅是扫除灰尘。

近期芝加哥大学的研究人员进行了一项研究，聚焦整洁和杂乱的房间与另一种不道德行为——作弊之间的联系。研究人员向105 名测试对象展示了一系列城市和自然环境的图像，并要求他们对每个场景按照 7 分量表从非常杂乱到非常整洁进行打分。他们发现，线条不对称和边线曲折零碎的环境更容易被认为是杂乱的。在另一项单独的实验中，测试对象有两分钟时间来解决几道数学题。在完成任务后，测试对象被分为两组，研究人员向他们展示杂乱或整洁的场景图片，标准由第一个实验中的评分确定。看到这些场景后，测试对象要对他们在任务中的表现进行自我评分，并给他们作弊的机会。对于每道数学题，他们所要做的是就

“你做对了吗？”回答“是”或“否”。每答对一题，就能得到奖金，他们可以很轻易地作弊，并且确信自己不会被抓。他们不知道的是，研究人员掌握了他们的实际表现，知道他们是否作弊。结果显示接触杂乱场景的测试对象比看到有序场景中的测试对象作弊的可能性高出 35%。

秩序与自制力

所以，人们在杂乱的房间里更容易作弊，那么杂乱无章的房间会影响我们的自制力吗？市场营销学教授朱睿进行了许多关于环境因素对我们行为的影响的研究。朱博士和她的学生研究了杂乱的环境是否会降低我们的自我规范能力及情绪控制能力。在第一项研究中，他们将 150 名学生分成三组。在杂乱条件小组中，学生们坐在一间办公室里，各种纸张和纸杯等用品散落在架子上；在整洁条件组中，相同的物品有序地摆放在架子上；对照组的架子是空的。研究人员向每位测试对象展示了一份包含 10 种不同物品的清单（其中有些相当昂贵，如滑雪度假或高端音响），并要求他们给出愿意为这些物品支付的最高价格。与其他两组相比，坐在杂乱房间里的人给出了更高的价格。也就是说，他们更冲动，愿意为各种商品支付更多的钱。在第二个实验中，测试对象再次被分为三组：整洁、杂乱和对照组。这一次，他们需要完成斯特鲁普任务（我在第九章中描述过这一测试，测试对象看到不同的颜色词，必须说出字体的颜色，而不是打印出来的单词本身）。完成任务后，测试对象回答他们的疲劳程度。与坐在整洁房间里或对照组的测试对象相比，坐在杂乱房间里的测试对象任务表现更差。对他们来说，说出印刷字体的颜色更难，花的时间更长。与其他两组相比，他们也会感到更疲惫。这些研究表明，环境整洁有序与自我调节之间存在一定关联。杂乱的环境会消耗人的精力，影响行为和认知，导致在需要注意力的任务中表现不佳。

为思考腾出空间

整理你的工作空间并保持整洁。在整洁的环境中工作不仅让人更愉快、更容易找到东西，而且还能帮助你整理思绪。相反，坐在凌乱的环境中会消耗你的心理资源，导致工作表现不佳。

秩序与社会规范

明尼苏达大学的一组研究人员进行了几项实验，调查有序的环境对遵守社会规范的影响，如慈善捐赠和健康饮食。测试对象被分配到一个整洁或杂乱的房间。两个房间紧挨着，大小相同，照明条件相同，唯一的区别是整洁程度。杂乱的房间里有一排散乱的办公用品和文件，而整洁的房间里没有散乱的物品，看起来很整齐。所有参与实验的学生都需要花大约10分钟填写一份问卷。调查问卷实际上是一种让他们坐在整洁或杂乱的房间里的策略。在调查问卷的最后，学生们被要求向儿童慈善机构捐赠一定数额的钱，以评估他们的赠予行为。此外，还要研究整洁的房间对健康饮食的影响。因此，实验结束后，允许每个学生带走一块巧克力或一个苹果。实验结果非常有趣！坐在整洁房间里的测试对象比杂乱房间里的人捐出的钱要多得多，而且选择苹果的人数明显多于选择巧克力的人数。研究人员得出结论："整洁有序（相对于杂乱无序）的环境会带来更多理想的、符合社会规范的良好行为。坐在整洁的房间会让人选择更健康的食物，并且更愿意向慈善机构提供资金支持。"

这些研究表明，杂乱的办公室或办公桌可能会降低自控力和自我规范能力，这可能会导致更冲动甚至不道德的行为，而整洁有序的办公室则会鼓励符合社会规范的良好行为。

必须指出的是，这并不意味着如果一间办公室是干净的，就没有人会做出冲动或不道德的行为，或者如果办公室比较脏，人们就会冲动行事、缺乏道德。

休息时不妨打扫一下

如果你在应该工作的时候很容易分心或容易沉溺于冲动行为（网上购物？），那么花几分钟打扫一下办公室、整理一下工作台，这可能会帮你抑制这种冲动。

杂乱无序：与创造力有关

在歌颂整洁有序，发誓要彻底改造我们能控制的每个环境之前，让我们考虑一下另一种无序的影响。在某些特定的工作环境中，凌乱的办公桌是有益的，甚至是至关重要的，即需要创造力的工作场景。有句话常被认为是爱因斯坦说的：“如果凌乱的桌子代表着混乱的思维，那么空无一物的桌子又代表着什么呢？”在爱因斯坦去世那天，有人给他的办公室拍了一张照片，照片里凌乱的桌子上堆满了纸张和书籍。许多网站都展示了像马克·吐温和 J.K. 罗琳这样有创造力的人的凌乱桌子的照片。有没有可能凌乱的办公桌或办公室与创造力有关？

几年前，发现有序行为与遵守社会规范之间相关的研究人员也调查了整洁和杂乱房间对创造力的影响。他们做了这样一种假设：整洁的房间会鼓励传统行为，而杂乱无序的房间会激发创造力和非常规思维。在一项实验中，他们要求测试对象想出使用乒乓球的新点子。一半测试对象坐在凌乱的房间里，另一半坐在整洁的房间里，他们想出的点子数量差不多，由独立的评判者对其创造力打分。那些坐在乱糟糟的房间里的人获得了更高的创造力分数。

在接下来的实验中，测试对象再次坐在一个整洁或杂乱的房间里。这一次，他们被要求想象自己在一个小吃店里，必须选择一种加了各种配料的奶昔。在每种配料旁边，研究人员加了一个

“全新”或“经典”的标志。前者暗示了“创新”，而后者意味着“惯例”。结果显示，当配料旁有“全新”标志时，坐在杂乱房间里的人更有可能选择它。相反，坐在整洁房间里的人更多地选择带有“经典”标志的配料。

研究表明，无序的房间会激发非传统和创造性的行为，让房间里的人倾向于选择新奇和非传统的事物，而整洁有序的房间则会鼓励人们遵守社会规范。因此凌乱的办公桌有时是有益的，它能提升创造力。这些发现对一些工作环境也有启示，在广告、市场营销、科学研究、软件开发、特别工作小组等职业中，创造性和创新思维会得到嘉奖。但别搞错了，这并不是说只要把房间搞乱，每个人就会突然变得更有创造力。当然不是。然而，研究的确表明，在某些情况下，一点凌乱可能会带来看待事物的非传统创新视角。

事实上，创造力对于许多工作和行业来说正变得越来越重要——因此，我们将在下一章探讨可能帮助我们培养创造力的那些令人惊讶的因素（远远不只是一间不整洁的办公室）。

一点凌乱亦有用

只有当你在处理需要创造力的问题时，杂乱无章的办公室才可能成为一种优势。所以，当你在做创造性的工作时，允许一点凌乱——但不要太过，尤其是当你要完成不同类型的任务时。

第十四章
房间里的灯泡可以激活你的灵感？

我天生乐观，坚信人类凭借创造力和聪明才智可以让世界变得更美好，这一信念一直根植于我的内心。

——比尔·盖茨

“我们正处在一场技术革命的边缘，这场革命将从根本上改变我们的生活、工作和人际交往的方式。就其规模、范围和复杂性而言，这种转变对于人类将是全新的经历……”

这是世界经济论坛创始人兼执行主席克劳斯·施瓦布的说法，标志着现代世界正在迅速发生的历史性转变。

施瓦布认为，科技和人工智能飞速发展代表着第四次工业革命的曙光。我说的是黎明的“曙光”吗？我们说这话时，其实天已经亮了。这场革命正大步迈进，几乎每天都影响着数百万人。

我们的世界、技术和产业都在不断变化。很久以前，我们扔掉了黑白电视，又过了些年，扔掉了录像机，然后是磁盘和软盘（未来学习古代史和考古学的学生可能会对着已经灭绝的公司面露微笑，比如鲍德斯、沃尔沃斯、阿莫科和百视达）。现在，新技术如雨后春笋般在各个领域和学科中迅速发展，让人眼花缭乱。

企业也因此有些措手不及，不断被迫检查和反思自己的经营方式。为了生存，他们必须适应快速变化的环境，不断创新。这对行业、劳动力市场和大众都有深远的影响，对每一个身在职场并想要发展事业的人来说都很重要。

那么，这一切与创造力有什么关系呢？和普通人有什么关系呢？实际上，我们会发现其中关系重大。

在 2016 年的一份题为《工作的未来》的报告中，世界经济论坛发布了一份预测——与 2015 年相比，2020 年劳动力市场最

2015 年十大技能	2020 年十大技能
1. 解决复杂问题	1. 解决复杂问题
2. 与人协作	2. 批判性思维
3. 人事管理	3. 创造力
4. 批判性思维	4. 人事管理
5. 谈判	5. 与人协作
6. 质量控制	6. 情商
7. 服务导向	7. 判断决策
8. 判断决策	8. 服务导向
9. 积极倾听	9. 谈判
10. 创造力	10. 认知灵活性

需要的 10 项技能。就人类历史进步而言，五年时间只是转瞬，但这短短的五年却出乎意料地发生了突变：创造力从 2015 年的第 10 位跃升至第 3 位，超越了当今所需技能中的“谈判”和“服务导向”。此外，新上榜的认知灵活性也与创造力相关。

根据世界经济论坛的预测，“这些发展将改变我们的生活和工作方式。有些工作将会消失，有些工作将会迎来新的发展，甚至今天尚不存在的工作会变得普遍。可以肯定的是，未来的劳动力需要据此调整自己的技能组合，以跟上时代的步伐”。在当今这个快速变化（甚至正在消失）的平台、技术和术语的世界里，为了在动态和变化的环境中始终保持竞争力，人们需要拥有认知灵活性、想象力和创造力，这似乎是不言而喻的。

事实上，在 2016 年世界经济论坛报告发布三年后，领英分析了 2019 年数十万个职位招聘公告，发现创造力是 2019 年最急需的技能。根据麦肯锡全球研究所的一项研究，在现有技术下，至少 60% 的职业可以在很大程度上实现自动化。然而，创造力是必需的，而且很难被取代。

创造力需要在企业文化和环境中培养，不仅要雇用有创造力的人，还要有意识地培养员工的创造力，每个员工都应该努力掌握并发展这些技能。

这对一些人来说可能会很困难，他们可能会问：“如果我就不是一个有创造力的人怎么办？我是否具备创造力呢？如果我没有创意，会怎样？”

好消息是，我们将介绍一些可以提升创造力的策略和方法，在这之前，让我们先简单了解一下，创造力到底是什么？

创造力是什么？

创造力是与生俱来的吗？它是一种思维方式吗？我们可以学习、发展和提升它吗？创造力是一个相当模糊的概念，很难说清楚。但这里我们需要一个有效的定义。我们这样定义创造力：创造力是形成可行且有用的、新颖的、原创的想法的能力。换句话说，创造力在每个人的生活和工作中都非常重要——旨在找到有效、可执行的方法来改善现状。

处理一个创造性项目时，人们会采用两种截然不同的认知风格或思维方式，每一种都对创造力至关重要：发散思维和聚合思维。

发散思维通过自由浮动的联想，来探索激发各种各样的想法，它不是系统性的。其中有些想法也许可以解决问题，而另一些想法似乎只是"愚蠢的"想象。发散思维在其最纯粹的（也是最好的）形式下，可以自由地去任何它想去的地方，不受现实的束缚，不屈服于"逻辑"。它就像一个狂野的孩子，在一个没有尽头的公园里蹦蹦跳跳、走走停停，四处奔跑、探索其间。发散思维会产生源源不断的想法、遥远的联想和意想不到的组合，这些结合在一起，可能形成任何创造性活动的原材料。它是一种以流畅、灵活、原创为特点的思维方式。

与之相反，聚合思维是一种遵循逻辑步骤的过程，目的是找到唯一正确的解决方案。发散思维中产生一连串的想法，不寻求单一的解决方案，而聚合思维通常会为一个问题或任务寻求唯一的正确解决方案。任何新的想法都必须经过仔细检查和评估，找到其中最可行且有效的。这就是聚合思维的用处——在寻找解决方案的过程中进行审查、分析和测试。

可以用一个关于雕塑家的故事来说明发散思维和聚合思维。当被问及雕刻大象的困难时，他回答说："我所做的就是把任何看起来不像大象的东西一点点地凿掉。"发散思维将一块巨大的彩色大理石板扔进车间，聚合思维就是那个一直耐心等待的雕塑家。这两种思维方式对创造过程都必不可少。

研究人员通常采用两种测试方法来评估创造力。

替代用途任务（AUT）让测试对象为一个物品如一块砖，找到尽可能多的用途，然后根据灵活性和独创性对答案进行评价。灵活性是通过物品用途类型的数量来衡量的，例如，使用砖块作为门挡是一种用途类型，用它来压平鸡胸肉是另一种类型。在许多人看来，第一种用途并不具备太高的独创性。统计数据显示，第二种用途更具独创性，因此在灵活性和独创性上都得分更高。而用砖块作为门挡，既不独创，在用途类别上也与门挡相同。这里衡量的是发散思维，因为没有唯一的正确答案，物品用途的可能性是无限的。

另一种是远程联想测试（RAT）。几十年前，对创造力研究做出贡献的著名心理学教授萨诺格·梅德尼克发明了这一测试。测试对象拿到三个单词，并要说出与这三个单词都相关的第四个单词。例如，在单词 falling、movie 和 dust 之后，第四个单词应该是什么？答案是 star（这三个单词都可以和 star 组成词汇，falling star、movie star、stardust）。另一个例子是 manners、tennis 和 round 这三个单词，答案是 table（table manners、table tennis 和 round table）。每个问题只有一个正确答案，因此这里评估的是聚合思维。当然，一个人需要有创造力，跳出条条框框才能找到解决方案，但聚合思维是对我们头脑中知识的系统性扫描，可以不断测试假设，无论是通过逻辑方式还是灵光一现。

一个人的发散和聚合思维的能力似乎是其性格中固有的、不变的一面，但事实并非完全如此。

研究表明，三种主要力量影响着创造性表现，尤其在职场中：

1. 创造性人格；

2. 社会和组织环境；

3. 物理工作环境。

当然，有些人可以更轻松地发挥创造力，天生就比其他人更有创意，这就是研究者所说的“创造性人格”。然而，除了员工之间的个体差异之外，组织和情境因素也会影响创造力。显然，在这三个因素中，我们可以在一定程度上控制社会和组织环境与物理工作环境，希望就在这里——对于想要提高利润的公司，以及希望变得更有创造力的个人。所谓的“给定的”变量——“创造性人格”，如果我们采用明智的方法，它也能得以提升，并成为我们的优势。

创造性人格

哪些因素决定着与生俱来的创造性人格特质？

德国的研究人员发现，对待经历和体验的开放心态是创造性思维最重要的特征之一。那些对经历持开放态度的人更好奇、更不拘泥于传统、更有想象力，因此，他们也更能放开自己，接受更大范围的想法和方向，包括不寻常的和意想不到的内容。

另一个与创造力相关的人格特质是主动性人格。主动性人格特质得分高的人会去主动发现机会、预见问题并试图影响环境。他们主动提出解决方案，不会被障碍吓倒。他们会不断寻找新的想法，在工作中也更有创造力。

认知方式，即人们感知、解决问题和做出决策的方式，也与创造力有关。例如，有些人更依赖直觉，能快速做出决定，而另一些人则比较传统、正式、有条不紊。比如有些人遇到需要新颖的想法（发散思维）来解决问题时，表现更好，而另一些人则在需要更多分析和系统思维（聚合思维）时更胜一筹。

社会和组织环境

在职场中，创造力会受到组织和社会因素及物理环境的影响。我们知道，一个积极的创新氛围，来自上司和同事的支持、不被控制和评估的感觉，甚至组织资源（如时间和人力）都有助于提升职场中的创造力。

鉴于公司可以在一定的条件下控制其社会和物理环境，但只有以一种旨在提高创造力的方式去改变才有意义，那么公司该如何做到这一点呢？

奖励和创造力之间有联系吗？一项荟萃分析研究了60项探讨此问题的研究结果。研究者发现，当奖励针对的是创造力本身而非完成任务时，创造力与奖励呈正相关。当他们受到鼓励去思考新创意，并有足够的时间而不是背负重重压力时，表现会更好。当他们知道自己会因创造力而得到奖励和重视，而不仅仅是完成一项任务时，会更有创造力。这一点非常重要！完成任务的最后期限和压力会被视为威胁，我们会自然而然地迫使自己躲避威胁，以免付出代价。消极的压力可能会导致强迫性思维——这对于创造力是极具破坏性的。

当出于对负面结果的恐惧而受到激励时，比如失去工作或因表现不佳而被降职，人们通常会不愿冒险，灵活性也有所降低，因此也就缺乏创造力。这种压力导致了强迫性想象和想象力缺乏。

相反，当员工受到与创造力挂钩的奖励的激励时，他们更愿意冒险、思维更灵活，也更愿意反复思考斟酌。简而言之，他们会表现出更大的创造力。这种支持性的环境应该包括对创造力的积极强化，以及让员工在工作中感到较少的控制和更多的自主权。

物理工作环境

除人格和组织因素外，物理环境中还有某些因素可以影响和提升创造力。

颜色与创造力：红色警报

正如我们在第九章中谈到的，颜色具有内在的意义，可以影响我们的情绪、行为及对他人的印象。但是颜色会影响我们的认知表现和创造力吗？研究表明，事实上，颜色可以在这些层面上对我们施加影响。

三原色中的红和蓝有很多内涵。红色和危险、停止标志及老师批改试卷时用的红墨水联系在一起；蓝色让人联想到海洋和天空，进而与开放和宁静关联。红色和蓝色会影响我们的认知表现吗？职场中不同的认知任务需要不同类型的思维。有些需要更多的创造性思维，有些需要更多的分析系统性技能，而有些则需要更多的专注力，比如校对或记忆文件。伊利诺伊大学的拉维·梅塔和长江商学院的朱睿这两位著名的创造力研究学者进行了一系列的研究，成果发表在著名的《科学》杂志上。他们考察了红色和蓝色在需要创造力及专注力的问题上的影响。在一项研究中，测试对象进行替代用途任务测试，他们必须在一分钟内说出能想到的关于砖块的所有用途。一组测试对象看到的测试题目写在红色背景上，另一组是蓝色背景，第三组是中性的白色背景。几位独立评委使用 9 分量表对每个答案的创造力进行打分，1 分表示缺乏创造力，9 分表示非常有创造力。例如，一个有创意的答案是“用砖头做动物磨指甲的抓挠柱”。研究结果非常有趣。虽然三组测试对象提出的砖块用途数量之间没有差别，但是蓝色背景组比另外两组的测试对象想到的用途更具创造性，所以蓝色提升了创造力，影响了答案的质量。

在另一项研究中，测试对象要完成另一创造性任务，这次是远程联想测试的五道题。同样，测试对象被分为三组：一组看到的任务写在蓝色背景上，一组写在红色背景上，另一组写在中性颜色背景上。结果显示蓝色组的测试对象给出的正确答案比其他两组多，他们更有创造力。

还有一项研究，测试对象拿到一张纸，上面画着 20 个不同的部件。他们要用任意五个部件为孩子画一个玩具。一组收到带有红色部件的图纸，另一组收到了蓝色部件的图纸。几位评委对他们的创作在创造力和实用性方面进行评价。结果显示，用蓝色部件画的玩具比红色的更有创造力。与之相反，由红色部件组成的玩具被认为更实用。

与开放和宁静相关的蓝色，标志着平静和安全的环境，人们身处其中似乎能够尝试更多创新的方法和更具创意的思考。研究人员认为，蓝色激活趋近动机，从而提升思维和创新想法。

一些研究表明，红色不仅会影响创造性任务的表现，也会影响成绩测验中的问题解决能力。例如，在一项研究中，三组学生接受了一个字谜测试，他们要改变字母顺序组成新单词（比如把“BELTA”重新组成“TABLE”）。所有学生要完成同样的字谜，不同之处在于写在每页顶部数字的颜色。其中第一组学生的数字用红色书写，第二组用绿色表示，第三组用黑色，这是三组之间唯一的区别。微妙的红色试题数字有一种几乎难以置信的效果：红色数字组的学生表现明显偏差，比绿色和黑色组的学生解出的字谜少很多。在语言和数学成绩测试中，也显示出类似的结果。研究人员认为，与危险和失败有关的红色（老师的红色墨水）会激活回避行为，而在有时间限制的成绩测验中，回避行为对表现不利。

然而，其他研究表明，在需要注意力和记忆而不是解决问题的任务中，如校对，红色引起的危机感会引发回避反应和警觉，这意味着注意力。因此，红色能提高任务表现。

上述发现表明，针对不同的问题，红色和蓝色会影响我们的认知表现。这些结果对职场和学生都有直接意义。

蓝色激发好点子

试试这样做：如果你正在做一些需要创造力的事情，如头脑风暴、从事一个新项目，或者设计一些新产品，那么试着在房间里准备一些蓝色的东西，可以是一幅画、一面蓝色的墙，甚至是办公配件，比如你电脑屏幕的颜色。

当你必须发挥创造力或需要分析思维解决问题时，避免使用红色，它可能不利于你的表现。然而，如果你正在做一项需要系统性专注力的任务，比如记忆或仔细阅读说明，红色可能会提升你的表现。

那些试图寻找更好的工作地点，或者更好、更令人兴奋的工作的人经常被说成是要去“更绿的牧场（greener pasture，比喻更好的地方）”。绿色被这个习语用来表达更有前途的事物，这并不奇怪。绿色与成长和进步有关。我们观察绿草和植物的生长，并使用像“green thumb（绿手指，高超的种植技艺）”和“going green（绿色环保潮流）”这样的表达。如前所述，许多研究发现积极的动机可以提高创造力。绿色与身心成长有关，与环保意识等积极事物相关。

德国慕尼黑大学的安德鲁·埃利奥特、马库斯·迈尔和斯蒂芬妮·利希滕费尔德在颜色对行为影响的研究领域做出了巨大贡献。他们研究了绿色是否会激发积极动机并增强创造力。

在一项实验中，测试对象坐在电脑前，观看屏幕上一个矩形内的黑色数字。其中一半人看到的是绿色矩形，另一半人看到的是白色矩形。随后他们要完成一个版本的替代用途任务，即写下尽可能多的关于锡罐的创造性用途。在测试前看绿色矩形的一组比看白色矩形的一组表现得更好。在第二项实验中，测试对象收到了活页夹里的实验材料，第一页材料的中间有一个长方形——其中一组的长方形是绿色的，另一组是灰色的——里面写着黑色字体的“想法（ideas）”一词。两秒钟后，测试对象翻到下一页继续完成创造力任务。这次他们完成的是另一项创造力测试——根据一个几何图形尽可能多地画出不同的物体。同样，看到绿色长方形的一组比那些看到灰色长方形的一组展现出更高的创造力。

在另外两个实验中，研究人员不仅将绿色的影响与灰色或白色进行了比较，还与红色和蓝色进行了比较。看绿色矩形的测试对象比看蓝色、红色和灰色矩形的测试对象表现得更有创造力。

上面四个实验清楚地表明，接触绿色的人，即使是很短的时间，也在不同的创造力任务中表现出更多的创意。这些结果对职场有直接意义：让员工接触绿色，可以悬挂大面积绿色的画，或者把办公室里的一些物品涂成绿色，即使只是门把手或扶手这样的物体也足以增强创造力。绿色植物也可以起到同样的作用。绿植对员工还有另一种特殊影响，我们将在后文讨论。

享受绿色时刻

试试这样做：在完成一项需要创造力的任务时，花一两分钟盯着绿色的物体表面，可以是一张照片，或是电脑上一幅主体是绿色元素的图像。对比你的表现。

另辟蹊径：商标和照片

在苹果公司声望最高的时期，研究者进行了一项实验。我们知道，苹果的商标会让人联想到尖端的创新、打破成规、创造力及“另辟蹊径”的宣传，而 IBM 的商标，被认为是聪明、负责任和传统的。实验要求学生们看这两种商标，时间非常短暂，只有 30 毫秒，学生们甚至没有意识到它。随后，学生们要完成替代用途任务。看到苹果商标的学生比看到 IBM 商标的学生能够想到更多关于砖块的新颖用途。别忘了，他们甚至都没有意识到自己看到了商标。这个结果表明，任何与创造力或创新有关的标志及照片都能增强人们的创造力。这是一个在工作场所容易实现的改变，让员工接触有创新意义的符号，从而产生真正而持久的利益。

光线与创造力

在第二章中，我们已经了解到明亮的光线对我们的情绪、健康和工作表现有积极的影响。然而，有时当人们身处昏暗的房间或甚至想到黑暗时，他们会更有创造力。这听起来很奇怪，但在德国进行的一系列研究似乎证明了这一点。

在第一项研究中，测试对象被要求描述自己在一个黑暗或明亮的地点的情景，然后完成一项创造性的任务：画出他们在访问另一个星球时可能遇到的外星人。独立评分员认为，想到黑暗地点的测试对象所画出的外星人更有创造力。在第二项研究中，测试对象要在字谜游戏中找出 12 个单词并圈出来。其中一组的单词都与黑暗有关（如黑色、夜晚、洞穴），而另一组的单词则与明亮有关（如太阳、光线、白天）。控制组使用中性词汇（如鞋子、房子）。字谜游戏后，测试对象完成替代用途任务，结果显示黑暗相关词汇组的答案比另外两组更有创造力。

在第三个实验中，测试对象要么坐在昏暗的办公室里，要么坐在明亮的办公室里，控制组坐在光线适中的房间里。他们要完成另一个创造性任务，这次是四个创造性顿悟式问题。坐在昏暗房间里的测试对象表现出更高的创造力。他们还被问及感觉自由的程度。在昏暗房间里的人比另外两组的人感觉更自由、不受限制——这表明，当我们感觉自由度更大时，会更有创造力。

这似乎有些令人困惑，因为其他研究显示明亮的光线可以提高工作表现，但这些结果表明，当我们陷入困境并努力寻找创造性的解决方案时，昏暗的房间可能会给人一种自由、不受约束的感觉，反而更有创造力。

跳出盒子思考

我们都知道，跳出盒子思考的意思是以创造性的、不同的、非传统的、非结构化的方式进行思考。新加坡管理大学教授梁安琪主持的一项有趣实验发现，在盒子外面的确能增强我们的创造力。研究人员将测试对象分成三组，并让他们进行远程联想测试，其中一组坐在一个盒子里进行测试，另一组坐在盒子外面进行测试，第三组没有盒子。研究人员发现，坐在盒子外面的测试对象正确解出的问题比另外两组多。

如果这还不够令人惊讶，那就看看另一项研究发现，你甚至不需要真正的盒子——有时候照片就足够了。在实验中，一组测试对象看到一张图片，上面有一个盒子和盒子外的大脑，另一组看的是一张鱼的图片，第三组不看任何图片。随后所有测试对象进行远程联想测试，看到盒子和大脑图片的人得分更高。

在另一项实验中，研究人员向一组测试对象展示了一个烧坏的灯泡图像，这代表着能量燃尽的负面隐喻。另一组看的是点亮的灯泡图像，第三组看的是鱼的图像，第四组没有被展示任何图像。与其他三组相比，看到烧坏的灯泡图像的测试对象更缺乏创造力。尽管这些发现看起来令人难以置信，但它们表明，只要看对了照片，我们就可以轻松地提升创造力。

在另一项研究中，研究人员使用了另一种隐喻，即“阐明问题”，或者说用灯泡符号象征灵机一动。他们给测试对象一个大家可能很熟悉的问题：通过画三条相连的线来连接正方形上的四个点。测试对象被告知他们不能让铅笔离开纸面。这是一个顿悟式的问题。你必须意识到尽管这些点排成了正方形，你也可以把线画到正方形外面。一旦人们有了这个顿悟，就可以很容易地解决问题。在测试对象拿到问题大约一分钟后，实验者说房间里有点暗，就打开了灯泡或荧光灯。坐在有灯泡的房间里的一组解出问题的人数更多。灯泡的存在激活了灵感思维。再强调一下，测试对象只是看到了一个灯泡，他们的创造力就得到了提升！

需要灵感闪现？

简单有效的做法是：用一个简单的灯泡照亮你办公室的某个区域，即使整个房间的光线整体是暗的，也让它亮着，或者使用灯泡的图片。当你正在寻找一个新想法或创新型解决方案时，一个昏暗的房间加一个灯泡是可以增强创造力的组合。

流动思维与创造力

创造力被认为是僵化思维的对立面，是思维在不同方向灵活移动的能力，也是从一个想法到另一个想法的能力，有时也被称为流动思维。事实上，研究发现，被鼓励在房间里走动的测试对象明显比被要求坐着或走直线的测试对象更有创造力。有没有可能仅仅是勾画流动的线条就能提高创造力？在一项研究中，研究人员进行了几项实验来验证这一假设。测试对象被要求描画三幅流体图或三幅非流体图。流体图中有曲线，非流体图中有角，在其他方面，这两套图画是一样的。然后，测试对象完成了各种各样考察不同创造力领域的创造力任务。在一项任务中，他们要写出一份报纸的创造性用途，另一项他们完成的是远程联想测试。实验结果显示，那些描画流动线条的测试对象在创造性思维方面得分更高。

我想要有创意……但总是在原地打转！

很好！当你在思考一个创新的解决方案、项目的新想法，或者任何需要发挥创造力的时候，拿出一张纸来涂鸦——但记住，不要画直线，只画波浪或曲线。或者，站起来四处走动——但不要走直线，而是绕着房间或建筑物走一圈。这两种循环、看似琐碎的行为都能放松大脑，让大脑从刻板思维中解放出来——这是激发创造性思维的关键因素。

想象自己是个有创意的人

近期的一项研究考察了仅仅想象自己是一个有创意的人是否真的能提升创造力。在这项研究中，96 名大学生完成了替代用途任务测试，被要求尽量多地写出十件物品的用途。学生们被分成三组，组间唯一的区别是：其中一组成员被要求想象自己是个古怪的诗人；第二组成员被要求想象自己是一位严格的图书管理员；第三组是对照组，没有得到任何指示。实验基于诗人有创造力而图书管理员则不然的刻板印象，从而选择古怪的诗人和图书管理员这两个身份（研究人员强调，他们并不认为真正的图书管理员缺乏创造力，这只是很多人的一种刻板印象）。研究人员根据想法数量和原创性对学生们的答案进行评分。在原创性方面，诗人组的学生得分明显高于对照组和图书管理员组。想象自己是严肃的图书管理员的学生想到的物品创意性用途数量明显少于诗人组，对照组得分居中。研究人员又进行了第二项类似的实验。这一次，测试对象要完成同样的任务，但对于前五件物品，一组测试对象被要求想象自己是古怪的诗人，另一组则想象自己是刻板的图书管理员。然后，接下来的五件物品，两组调换了角色。当测试对象被告知想象自己是诗人时，他们明显比想象自己是图书管理员时想法更丰富、更具原创性。

这些结果表明，如果我们想象自己是一个有创意的人，创造力就会增强。下次当你在解决一个需要灵感的问题时，或者当你努力构思新的、有创意的想法时，试着这样做——把你自己想成一个有创造力的人，如发明家、艺术家或任何你认为有创造力的职业，也可以想象自己是你认识的很有创意的人。

想要更有创造力？不要只想着自己

试着解决下面这个顿悟式问题，它需要新颖、有创意的解决方案。

一个囚犯试图逃离一座塔。他在牢房里找到了一根绳子，长度只有他所在高度的一半。他把绳子一分为二，把两部分绑在一起，然后逃走了。他是怎么做到的呢？

答案是他把绳子纵向分开。在一项研究中，测试对象要解决这个问题，一半的测试对象被要求想象自己在塔上试图逃跑，而另一半想象他们在为塔里的其他人解决这个问题。想象自己身处塔中的人，只有 48% 的人解出了答案；想象自己在为别人找答案的人当中，有 66% 的人成功地解决了这个问题。

这意味着，当我们试图发挥创造力，想出创新的观点或解决方案时，我们应该想着为别人而不是为自己解决问题。对从事复杂项目的人提供这样简单的指导可能会产生不同的效果。

百灵鸟和猫头鹰：一天中最好的时间

人们会把自己定义为晨型人或夜型人。我知道自己在早上工作效率最好，所以我把不那么复杂的任务，比如回复邮件或查看银行账户留到晚上，因为我在晚上无法集中精力，也无法进行创造性思考。可是本杰明·富兰克林的名言“早睡早起使人健康、富有和聪明”，并不适用于晚上工作效率更高的人。这样看来，人们在自己的最佳状态时间段更有创造力的假设似乎是合理的。

晨型人在早上更有创造力，夜型人在晚上更有创造力。然而，研究表明事实并非如此。

在一项非常有趣的研究中，测试对象填写了关于在一天中不同时间的睡眠习惯和工作表现的调查问卷，研究人员根据问卷调查结果将测试对象分为晨型和夜型两组。并不是每个人都能被清晰地划分为这两种类型，因此只有那些明显是晨型或夜型的人才会进行下一步实验分析。测试对象要解决三个顿悟式问题和三个分析性问题。为了更好地理解这些问题，让我们看两个例子。

给测试对象的一个分析性问题的例子是关于鲜花的：

四位女士，安娜、艾米丽、伊莎贝尔和伊冯娜，分别收到她们的伴侣汤姆、罗恩、肯和查理送的一束鲜花。以下是已知信息：安娜的伴侣查理送给她的是一大束她最喜欢的鲜花，不是玫瑰。汤姆把水仙花送给了他的伴侣（不是艾米丽）。伊冯娜收到了一打百合花，但不是罗恩送的。每位女士收到的是什么类型的花（康乃馨、水仙花、百合花、玫瑰花），以及她们各自的伴侣是谁？

给测试对象的一个顿悟式问题的例子是硬币经销商问题：

一位古钱币商人接到一个报价，有人想卖一枚漂亮的硬币。这枚硬币的一面是君主的头像，另一面刻着“公元前 544 年”的日期。商人检查硬币后，非但没有买下它，反而报了警。为什么？

这两类问题之间的区别很明显。要解决鲜花的问题，你必须系统化地思考，检查每种可能性，直到找到答案。例如，查理和安娜在一起，汤姆送了水仙花，伊冯娜收到百合花，但不是罗恩送的，也就是说肯是伊冯娜的伴侣。这样你就可以不断地推演，直到找到所有的伴侣关系和鲜花的组合。

顿悟式问题与之截然不同，仅仅系统地检查是不够的。你必须思考不同的方式和选项，经常会觉得思路受阻，直到答案突然“击中”你。读下一段之前，请花点时间思考一下上面的顿悟式问题。问问自己，你是晨型人还是夜型人，现在是不是思考、回答这个问题的最佳时段。

答案是硬币不可能印有“公元前”，因为公元前的概念在那个时候并不存在。

研究人员想要检验人们在状态最佳的时段是否更有创造力。研究结果既有趣又令人惊讶。对于分析性问题，一天中的时间段并无影响，甚至与我们可能认为的相反，在非最佳状态下的测试对象比在最佳状态的测试对象更好地解决了顿悟式问题。难怪这篇文章的标题是“非最佳时间其实最佳”。

要理解这些发现，我们必须知道，解决分析性问题需要避免分心，而顿悟式问题则不然。顿悟式问题需要创造性思维，也就是寻找新颖的解决方案，而非系统地思考。研究表明，在一天中非最佳状态时间，人们避免分心的能力较弱，更容易受到已有信息的影响，但在最佳状态时，被我们避开的随机想法和干扰实际上可能有助于解决创造性问题。

所以当我们处于巅峰状态时，我们的创造力状态可能并不总是最佳。一些问题的解决可能会受益于一天中非最佳状态。例如，阅读和理解最好在你的最佳时间完成，不管是早上还是晚上。然而，说到创造力，我们往往会在一天中非最佳状态时间产生更多原创性想法。因此，解决某些类型的问题，在非最佳状态时间可能是有益的。

这些结果具有重要的意义。如果你必须处理需要集中注意力的分析性问题，试着在你的最佳状态时间处理它们。如果你面对的问题需要更有创造性的解决方案和新颖的想法，试着在非最佳状态时间处理，因为这时候你难以集中注意力，更容易受到干扰，反而可能会帮助你以一种不同的方式看待问题，产生新的想法。

“懒人”的回报

大多数人都有一天中感觉状态最好的时间段，无论是早上、下午还是晚上。我们中有些人是夜猫子，有些人是早起的鸟儿，还有一些人介于两者之间——他们在下午感觉最好。如果你要安排一天的工作或划分工作内容，一定要在一天的最佳状态时间完成那些需要集中注意力和分析思考的任务。然而，如果你面临的任务需要创造力和新颖的想法，最好是在你一天中“状态最糟糕”的时候去处理它！如果你是早起的鸟儿，那就确保在晚上进行创造性任务，夜猫子反之。当你的思维和身体不如在“巅峰”时刻那么活跃和警惕时，创造力的缪斯就会苏醒，并更自由地漫游。换句话说，当你的精神机器处于松弛状态，而不是集中注意力、高度警觉时，创造力就会流动。这是一个创造性的建议，虽然反直觉，但很有效！

该休息一下了

走神经常会干扰工作表现。想象一下这样这种情况，你努力集中精力完成一项需要高度专注的任务，但你的思绪一直在其他事情上游走。这时，走神可能对你的表现有负面影响。然而，最近的研究表明，走神可能有助于寻找创造性的解决方案。的确，那些想出绝妙点子或解决了特别棘手问题的人经常会说，灵感的火花是如何“突然闪现”的——比如在大自然中散步、开车或洗澡的时候。相反，有意识地强迫产出一个有创意的结果只会带来焦虑和挫败感。

最近的一些研究考察了无关的、随机的思考是否能提高创造力。在几年前进行的一项研究中，每位测试对象要完成关于两件物品的替代用途任务。他们的回答按照创造力进行编码，并作为实验的基准值。然后测试对象被分为四组，其中两组有 12 分钟的“孵化期”：一组被分配了一项需要集中注意力的较高难度的任务，另一组被分配了一个低难度的任务。第三组只是简单地休息一小段时间——被要求安静地坐着等待 12 分钟，第四组没有孵化期或休息时间。

紧接着，每位测试对象都要完成四轮不同的替代用途任务。其中两个问题和基准测试中的问题一样，另两个是新问题。得到简单的“孵化期”任务的测试对象比其他三组表现出了更大的进步。

似乎某些不相关的想法会让我们的大脑走神，从而增强了创造力。

另一项研究也得出了类似的结果。在这项研究中，一组测试对象被分配了几个无聊的任务，比如从电话簿上读电话号码，然后完成一项创造性任务。对照组只接受了创造性任务。参与无聊的初始任务的测试对象在第二个任务中比对照组表现出更高的创造力。

这些研究结果并不是说员工应该整天做枯燥、重复性的低难度工作，而是在解决创造性问题之前，允许甚至鼓励员工先做一段时间的简单任务，这可能是有益的。这为碎片化想法的出现和丰富开辟了道路，这些想法就像彩票球一样在我们的大脑中四处滚动——这是孕育创造性思路的理想媒介。

冥想与正念

有人认为冥想就是静坐放松，什么都不做。其实并非如此，冥想是一种有意识的心智训练。多年来，冥想和正念技巧一直被认为有益于减压、改善情绪、提高专注力和记忆力、增强免疫功能、增加幸福感等。大量的科学研究支持这些说法。值得注意的是，冥想和正念还可以带来更多的创造性输出。

在一项简单的研究中，研究人员将测试对象分为两组。一组接受冥想训练，每天 30 分钟，持续一周。第二组是对照组，接受简单的放松训练。训练结束后，测试对象完成了测试创造力的任务。研究结果显示，与简单放松的对照组相比，练习冥想的测试对象得分高得多，这说明即使是短暂的冥想训练也是有效的。

在另一项研究中，测试对象被分为正念组和对照组。正念组听 10 分钟关于非判断性觉知和学习接受身体感觉的指导，对照组则听一段关于自然历史的录音。随后测试对象需要解决顿悟式问题（如前面提到过的越狱问题或硬币问题）和分析性问题（如鲜花问题）。接受短暂正念训练的测试对象更好地解决了顿悟式问题，但在分析性问题上没有明显差异。

《哈佛商业评论》上发表了一项研究，题为“10 分钟冥想能让你更有创造力吗？”。研究人员试图证实创造力是正念冥想最早的益处之一，他们想看看几分钟的正念冥想可以提升创造力，于是将 129 名测试对象分成三组，并安排了一项创造性的任务：为无人机的使用想出尽可能多的商业点子。

在开始关于无人机用途的头脑风暴之前，一组测试对象接受了 10 分钟的正念练习，第二组进行了 10 分钟的假冥想（让思维放松，随意游走），第三组直接开始头脑风暴。

每组测试对象想出了大约相同数量的点子，细节水平也基本相当。主要区别是冥想组想法的范围更广泛，其中一些创意包括将无人机用于园艺（修剪植物、浇水）、安保（灭火、监控、警报）、清洁维护（清洗窗户）和动物园日常工作（喂长颈鹿）。换句话说，冥想练习揭示了非冥想者看不见的维度。在进一步的研究中，研究人员要求一个大型机构的 24 名高级经理冥想 12 分钟，然后就某个主题提出想法。大多数人表示，冥想让他们的头脑更清醒，可以想出更多原创的解决方案。

荷兰莱顿大学的一组研究人员进行了更深入的研究。他们要求冥想练习者进行两种不同形式的正念冥想：

1. 开放式监测——要求测试对象观察当下的感受，只是仅仅注意到想法、情绪或感觉而已，不带任何判断；

2. 聚焦注意力——测试对象将注意力集中在单一的物体上，比如一支蜡烛，排除所有其他外界刺激。

每次冥想结束后，测试对象都要完成替代用途任务和远程联想测试。研究人员发现，开放式监测冥想在激活发散思维方面要有效得多，发散思维是创造力的关键引擎。毫不奇怪，聚焦注意力冥想与聚合思维的联系更紧密，聚合思维对于缩小选项范围及制订可行解决方案至关重要。

似乎开放式监测冥想能增强观察能力，从而提升认知灵活性，减少认知僵化，这对创造过程至关重要。在上述研究的基础上，荷兰心理学家马泰斯·巴斯认为，观察能力与一个人对经历体验的开放性密切相关，这种开放性是创造力最强有力的指标之一。如果你能学会冥想，就会发现它对你生活的各个方面都有帮助。

这个建议也广泛适用于各类机构。深知冥想的好处，谷歌为其员工设立了一项名为“内心探索”的公司正念项目。在企业文化中采纳并支持冥想的其他大公司包括苹果、耐克、美国在线、时代华纳、阿斯利康、高盛、美敦力。事实上，在认为创造力是一个组织命脉的情况下，如果决策者鼓励员工练习和实践冥想，他们肯定会得到更多有创意的想法。

显然，企业界和劳动力市场正在经历快速变化。研究和调查显示，职场及商业世界最重要的技能之一就是创造力，这一章已经说明了创造力不仅仅是特定的性格特质——就像其他任何技能一样——它是可以发展的。

创造力是一项顶级技能，企业需要在自己的组织中努力培养它。正如我们所见，职场的创造力不仅受到个人特质和社会环境的影响，还受到环境因素和使用各种技术的影响。寻求创造力的个人和组织应乐于接受一切可能的工具和技巧，以激发创造力。本章的研究结果提供了一些简单可行的方法来提升创造力，例如，可以画一画流动的曲线，挂一幅含有创造力隐喻的图片，点亮一个灯泡或坐在盒子外面，在办公空间增加一些蓝色和绿色，或进行短暂的冥想休息。

现代经济的发展轨迹清楚地表明，创造力作为一种必备技能的重要性日益上升。企业和求职者应该关注这一点，时时提醒自己并采取相应行动，以免在竞争中落后。

后记

我希望这本书中的一些科学的研究结果能让我们在工作中更快乐、更满足、更成功。

经过几个月严格的文献研究和长时间的集中写作、修改和润色，写完最后一章的最后一个字后，我把完成的手稿寄给了“网络云”——当然也寄给了我的出版商。我还有一件事要做：给它取个好书名。临时的书名我觉得不够好。我在寻找一个朗朗上口的名字来描述这本书的内容。

总是很自律的我打开电脑，坐下来开始工作。我把身体调整到一个舒服的位置，盯着屏幕，深吸了一口气，瞥了一眼时间。开始吧！

然后我就卡住了。

十分钟，二十分钟，大半小时过去了，我只想到几个并不令人满意的书名，我顿时文思枯竭。

压力和紧张袭来，没有灵感，找不到角度，我试着按照这本书中自己提出的建议去做。我说的就是这本还没有书名的书。

书中的研究告诉我们，思路受阻时，让自己脱离当下的情境，休息一下做点别的事情是个好主意。我也知道，最好是在大自然中散散步，从精神疲劳中恢复过来，以此提高创造力。在户外散步可能会帮我找到完美的标题。

“好，”我想，“是时候做点什么了。”

与阅读和总结一篇文章不同，寻找合适的书名是创造性的，我必须让自己的思维漫游，自由地联想。我翻到关于创造力的那一章。科学研究提供了几种提升创造力的方法，包括四处散步、看看绿色和蓝色。我想我应该从这些技巧开始，如果它们还不起作用，就再试试那一章的其他技巧——管用就好！

我关掉电脑，起身前往海滩漫步，这是我最喜欢的自然环境之一。那时周围没有太多人，我沿着海岸走着，听着海浪的声音，看着海水和海鸥。我记得科学表明，置身蓝色空间，看看水，会对我们有积极的影响，能够修复身心及提高我们的认知能力。我还绕着圈子走了一段路，来回走动。我在看大海的同时也通过手机在网上找到绿色的图片。这段时间，我的思绪一直在自由地漫游。我突然想到，这本书里有许多基于科学的有助于改善人们工作和生活的方法、各种建议和因素，很多出乎我们的意料，还有些是最近才发现的。有些方法能在你真正需要的时候发挥作用，如求职面试、谈判、与老板交谈、提高工作表现、需要创意等关键时刻。这本书把这些方法提供给你，就像一个提供丰富美食的菜单。你可以选择任何适合你的方法，让你在工作中更快乐、更成功、更高效、更有创造力。简而言之，这本书的目的就是扩大你的职场策略、战术和技巧的范围，超越大众流行知识，并为你赢得能够获得优势的多重机会。这本书就是在讲“怎么管用怎么来”！

这本书没有触及工资和福利等职场问题，这些当然也很重要。这本书讲的是一些容易被忽视的小事情，需要得到足够的关注，如办公室的物理特征。此外，我们已经超越了常识和模糊的直觉，提供了可以让你获得职场优势的具体步骤。

例如，每个人都知道智能手机会分散我们的注意力，如果手头的工作需要高度专注力或创造力，我们应该让手机静音。但正如在关于智能手机的章节中看到的，即使关掉手机，但只要它在视野范围内，或者任何可以触碰到的地方，它还是会明显地分散注意力。只有当手机完全不出现在视线中，藏在某个地方，如放在抽屉里或另一个房间时，我们才能不被影响。

还有工作团队或任务小组多元化的价值。当然，我们都在口头上支持社会多元化，并赞颂它，但只有当多元化的团队表达更多的观点、提供不同的视角时，才是有意义的。我们不知道的是，只要团队中存在一个来自不同文化、种族或语言背景的成员，即使这个人坐着一言不发，也能够扩展和丰富整个团队的思维模式，使团队更具原创性、更加高效。

我们已经看到，在谈判中的一些特定时刻，你可以有策略地表达愤怒或失望，以实现你想要的谈判结果。我们还探讨了一些研究，关于如何在工作中提高创造力，如何从精神疲劳中恢复并提升工作幸福感。

这本书中给出的建议都是基于研究得出的，我们可以充分利用,让其发挥作用,使我们的职业生涯更美好。在你需要自我展现、面试工作、赢得谈判、让团队更加快乐和高效、要求加薪的时候使用，或者想提升工作效率和幸福感的时候。科学研究告诉我们，拥有更高效、更有创造力、更快乐的职业生涯的关键并非遥不可及，然而，这取决于将有效的方法付诸实践——为我们自己，为我们的团队，也为整个公司。

我真诚地希望你能从这本书中获益，并看到你的生活得到提升，这样的话，我们因这本书一起共度的时光就无比宝贵和充实。

致谢

写这本书是一段旅程，我非常感谢无数在旅途中陪伴我、给我支持和建议的人，没有他们，我不可能完成这本书。非常感谢 BenBella 出版社和莱文 · 格林伯格文稿经纪公司的团队，与 BenBella 的优秀员工们共事非常愉快。我很感激出版人格伦 · 耶菲斯，他在第一次看到我的写作计划时就对我充满信任。还要特别感谢我杰出的编辑克莱尔 · 舒尔茨，感谢她精湛细致的编辑和建议。克莱尔是那种每个作者都希望合作的编辑，她把文稿读了很多遍，并提出意见、问题、想法和建议（她总是强调这些只是建议），这些建议提高了我的写作和思考能力，并让这本书变得更好，谢谢你，克莱尔。特别感谢 BenBella 的制作团队：艺术总监莎拉·艾维格、杰西卡·里克，还有我的市场营销负责人琳赛·马歇尔。

非常感谢我的经纪人——莱文 · 格林伯格文稿经纪公司的琳赛 · 埃奇库姆。这是我和琳赛合作的第二本书，她是作家们都希望合作的最好的经纪人。如果没有她的指导和帮助，这本书不可能面世。琳赛相信这本书的价值，在这本书的初始阶段，她就开始帮助我，甚至比我更早意识到这本书的重要性，并鼓励我写这本书。在我写这本书的三年时间里，她也一直相信并支持我。感谢你，琳赛！

特别感谢哈维·弗伦克尔阅读了这本书的部分内容。哈维对本书提供了宝贵的见解和建议，使我的想法更加深刻，也提升了我的写作水平。我也非常感谢达丽特·史慕丽，她阅读并评论了这本书的许多部分，给了我宝贵的建议，她简化复杂句子的能力令人惊叹。她总是面带微笑地支持我。

我要感谢我的研究助理约纳森·布兰德给我的帮助，尤其是那些参考资料。他顶住时间的压力，总是保持高效和专注。我也很感谢达尼·亚基尔关于一些标题的建议，我很喜欢。

我深深地感谢伍尔夫·马尔莫对本书的支持。他和他已故的妻子海伦娜一直是我和我丈夫的好朋友。伍尔夫是个了不起的人，非常聪明、慷慨和有趣，有这样的朋友我觉得很幸运。

我也非常感谢特拉维夫大学心理科学学院，这里是我的第二个家，以及本杰明基金对这本书的支持。

一如既往，最后也是最重要的，我要感谢我的家人。我的孩子奥莉·洛贝尔和多莉·洛贝尔是我的榜样，她们激励着我成长。奥莉是一位法学教授，写了几部非常成功、重要的著作，她在世界各地举行讲座。多莉是一位成功的音乐家，在许多国家演奏和表演。她们都是极具创造力和生产力的人，同时也拥有美好的家庭。她们总是支持我，是我真正的灵感来源。

我没有一天不想念我的儿子达尼，他是我的力量源泉。我每天都感受着失去他的痛苦。我知道，以他敏锐而深刻的头脑，他本可以提出许多想法，我也经常在想他如果还在，可能会有怎样的见解。

我的孙辈丹妮尔、埃莉诺、娜塔莉、迪恩、利比和亚当，给我带来了无尽的惊喜、骄傲、快乐和欢笑。他们是我生命中的阳光。他们的好奇、天真和对学习的渴望激励着我去写作和探索。

我的女婿昂·阿米尔，我的儿媳凯伦·科恩－洛贝尔，我的兄弟拉菲·雅各布森和他的伴侣里克·西尔维斯特也总是支持和鼓励我。

我已故的父母朵拉和希勒尔·雅各布森，生前一直陪伴着我、相信我，教会我用行动去追求我想要的一切。我希望他们能看到这本书。

最重要的是，我要感谢我的丈夫——大卫·洛贝尔，他一直鼓励我、相信我、支持我、陪伴我，忍受我在电脑前工作的漫长时间。谢谢你，大卫。